한중번역에서의 유의어 연구

한중번역에서의
유의어 연구

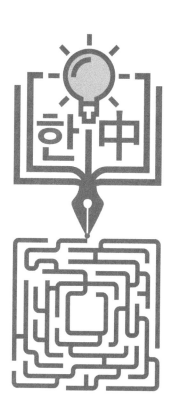

추육영 邹毓莹 저

學古房

방문학자의 감사했던 한국 생활

저에게 2024년은 한국과 인연을 맺은 지 20년이 되는 해입니다. 빠르게 흘러가 버린 시간을 돌아보면 안고수비(眼高手卑), 의욕에 비해 늘 노력이 부족했음을 느낍니다.

20년 전인 2004년도에 저는 부푼 꿈을 안고 산동대학교 한국어과에 입학을 하여 처음 한국어를 접했습니다. 그때 한국과 한국어는 저에게 동경의 대상이었고 이루어야 할 임무였습니다. 임중도원(任重道遠), 늘 해야 할 임무는 무겁고 갈 길은 멀기만 했습니다. 사막에서 바늘을 찾는 험난한 길을 10년 동안 걷고 난 다음 2014년도에 저는 건국대학교에서 박사 학위를 취득하였고, 제 인생의 첫 번째 책을 출간하였습니다. 그리고 또 10년이 흐른 2024년도에 저는 서울대학교에 방문학자로 와 제 인생에서 의미가 있는 또 다른 책을 펴냅니다. 한국과 깊은 인연을 맺으면서 지금까지 걸어온 길에 고마운 분들이 너무나 많았습니다. 이 자리를 빌려 그분들에게 깊은 감사의 마음을 전합니다.

먼저, 저를 서울대학교에 방문학자로 올 수 있도록 귀한 기회를 주신 안동환 교수님께 깊은 감사의 인사를 드립니다. 교수님께서 만들어 주신 귀한 기회에 제가 1년 동안 개인 연구 공간과 시간을 가질 수가 있었고 몇 편의 논문과 책으로 연구 성과물을 이루어 낼 수가 있었습니다. 제가 바른 학문의 길로 들어서도록 인도해 주신 조오현 교수님께도 깊은 감사의 인사를 드립니다. 교수님께서는 늘 아낌없는 조언과 격려를 해주셨는데, 그 덕에 제가 교수님의 자랑스러운 외국인 제자로 차츰 사람이 되어 가고 있는 것 같습니다. 그 외에도 멀리서나마 아낌없는 응원을 해준 동료 교수들에게도 이 자리를 빌려 깊은 감사를 전합니다. 그 소중한 사람들 덕에 제가 빠진 1년의 빈자리가 표나지 않을 수 있었음을 고백하지 않을 수가 없습니다. 그리고 제 원고 때문에 험한 고생을 마다하지 않은 김준선 은사님께도 깊은 감사의 인사를 드립니다. 교수님께서는 '서두르지 않고 정진해 나가다 보면 언젠가는 이루어진다. 낙은 항상 고생 끝에 온다'는 가르침을 주셨습니다. 힘든 순간마다 지혜의 말씀으로 힘과 용기를 낼 수 있도록 도움을 주신 김준선 교수님, 진심으로 감사드립니다. 교수님 덕분에 길었던 여정과 어려운 순간을 극복하여 여기까지 올 수 있었던 것 같습니다.

그리고 먼 해외에서 1년의 연구 기회를 가질 수 있도록 배려와 격려를 해 준 가족에게도 깊은 사랑과 감사의 마음을 전하고 싶습니다. 가족의 따뜻한 보살핌이 없었다면 타국에서의 고난과 역경을 견딜 수 없었을 것입니다. 학업과 연구에 전념할 수 있도록 늘 지지해 주고 힘이 되어 준 시아버지, 남편, 어머님, 여동생에게 진심으로 감사하다는 말을 전합니다. 며느리로서, 아내로서, 딸로서, 언니로서 소홀할 수밖에 없었음에도 항상 곁에서 기도하고 응원해 준 덕에 내가 서울대학교에서 하고 싶은 연구를 할 수 있었고, 책을 펴낼 수 있게 된 것 같습니다. 또 한국말을 전혀 하지 못하면서도 과감하게 따라와 타국에서 같이 있으면서 어려움을 헤쳐나갈 수 있도록 늘 용기를 준 아들 명택(銘澤)에게도 고마움을 전합니다. 집을 구하고, 이사를 하고, 출입국사무소를 가는 데에도 그는 늘 나와 함께 있었습니다. 타국에서 느꼈을 그의 외로움과 그리움을 생각하면 눈물이 날 지경입니다. 그리고 엄마가 큰 걱정하지 않을 수 있도록 중국에서 씩씩하게 자라준 딸 명탁(銘卓). 방학 때만 엄마를 볼 수 있음에도 원망 한 번 없이 대견하게 견디어 준 나의 착한 딸은 내가 중국을 떠나올 때 유치원생이었는데, 어느새 훌쩍 자라 초등학생이 되었습니다. 많은 엄마의 손길이 필요한 때에 같이 있어주지 못한 명탁에게 이루 말로 표현할 수 없는 미안함을 전합니다. 가족의 이러한 희생이 있었기에 오늘의 내가 있음을 깨닫습니다.

그리고 이 모든 순간을 견디어 낸 저 자신에게도 수고 많았다는 말을 해주고 싶습니다. 수 없이 밀려드는 임무와 사명에 기진맥진해진 몸과 정신이 되어 더 이상 버텨낼 수 없을 것만 같아 그만 모든 걸 내려놓고 고국으로 돌아가고 싶었던 순간이 수없이 많았지만 그럼에도 포기하지 않고 끝까지 버텨내 준 나 자신이 조금은 자랑스럽습니다.

한국어를 배운지 20년이나 되었지만, 앞으로 배워야 할 것이 더 많음을 이 책을 쓰면서 절실히 깨닫습니다. 보다 겸손하고 모자란 마음으로 한 발 한 발 앞만을 내다보며 가야 한다는 생각이 듭니다. 많은 주위 사람들의 기대와 응원을 잊지 않고 그들의 바람에 어긋나지 않는 길을 가겠습니다.

吾生也有涯, 而知也无涯;路漫漫其修远兮, 吾将上下而求索!

마지막으로 늘 나에게 자애롭기만 했던, 지금도 하늘에서 아낌없는 응원을 해주고 계실 사랑하는 아빠에게 이 책을 바칩니다.

한국 서울대학교에서

추육영

2024. 03

:: 차례 ::

1. 서론

이 책은 제2언어로서의 한국어를 학습하는 중국인 학습자들에게 한중
번역에서 나타난 유의어군들의 어종별 의미 분석 및 변별 방법을 제시하
는 것을 목적으로 한다. 그와 동시에, 한중번역에서 유의어군 교육을 효과
적으로 적용할 수 있는 교수 방법도 모색하였다.

인간은 어휘를 통하여 서로 의사소통을 하며 다른 사람과 교류한다. 그
과정에서 어휘는 의사소통의 기본 단위로 존재한다. 외국어 교육에서 언
어 교수, 학습의 일차적 목적도 의사소통이다. 일반적으로 언어의 사용 능
력은 어휘에 대한 정확한 이해와 함께 어휘의 양이 얼마나 되느냐에 큰 영
향을 받으며, 어휘를 모르면 언어생활이 거의 불가능하다고 말해도 과언이
아닐 정도로 어휘력은 중요하다.[*] 외국어 학습에 있어서도 가장 기본이 되
는 것은 어휘이고, 어휘 학습은 외국어 학습의 시작이며 귀착점이다. 어휘
교육은 외국인 학습자들에게 지속적으로 교육해야 할 항목이며, 다른 부분
보다 시간을 제일 많이 투자하는 부분이기고 한다. 따라서 외국인 학습자
는 평생 어휘를 학습해야 한다.

일반적으로 현대 언어에는 의미가 같거나 비슷한 단어들을 유의어라고
한다. 유의어가 많다는 것은 한국어 어휘의 뚜렷한 특성 중 하나이고, 어휘
확장을 위한 교육 방법에서 유의어 교육을 가장 널리 사용하고 있는 실정
이다. Channell(1981)은 기본적인 어휘를 학습한 후 제2언어 학습자가 겪
는 어려움은 대부분 어휘적인 것이라고 하는데, 이때 학습자에게 필요한

[*] 본 연구는 中國靑島農業大學高層次人才啟動基金項目, 靑島农业大学校级课题등 연구기
    금으로 이루어졌음. 項目編號:663/1116705, 項目名稱:作爲第二外語的韓國語近義詞硏
    究;項目編號:661/1114048,項目名稱:二语习得中的韩国语近义词偏误研究.

지식은 어휘의 기본적인 지식뿐만 아니라 그 어휘가 다른 유사한 의미의 어휘와 어떤 관련을 맺고 있는가와 그 어휘가 어떤 환경에서 어떤 어휘들과 함께 결합하는가에 대한 문제라고 하였다. 이를 통해 유의어의 의미 차이에 대한 학습의 중요성을 확인할 수가 있다.

하지만, 유의어는 담화 상황과 맥락에 따라 그 쓰임에 차이가 있기 때문에 학습자가 유의어간 변별을 하지 못하면 의사소통을 성공적으로 이룰 수가 없다. 언어 능력에서 어휘력이 차지하는 바가 큰 만큼, 어휘력 신장을 위한 유의어 교육은 언어 교육 전반에서도 하나의 중요한 축을 형성한다. 그런데, 유의어의 변별과 사용은 직관을 가진 모국어 화자에게도 쉽지 않은 문제이고 외국인 학습자들에게는 더 큰 어려움이 따른다. 교육 현장에서 유의어와 관련된 질문들은 외국인 어휘 질문 중 40%나 차지하고 있으며, 비록 고급 학습자들에게도 그리 쉬운 일이 아니다. 이충우(1994)에서는 한국어 어휘의 첫 번째 특징으로 유의어가 많다는 것을 꼽았으며, 조현용(2000)에서도 교사가 수업에서 가장 어려움을 겪는 것이 유의어임을 강조하였다. 이렇듯 한국어 교육에서 유의어 교육은 큰 난제이며 학생들이 중·고급 단계에 들어간 후의 학습과정에서 유의어 오류가 나타나는 문제는 매우 일반적이다. 반면 외국인 학습자들이 유의어를 정확하게 이해하고 적절한 상황에 맞게 선택할 수 있다면, 더 유창하고 완벽한 의사소통을 할 수가 있을 것이다. 김광해(1998)에서 유의어군에 대한 비교, 분석은 어휘량의 확장, 사고력, 통찰력의 형성 및 언어 구사 능력인 예술적, 문화적 표현의 능력까지 성숙하는 데 도움이 될 수가 있다고 강조하였다.

학계에서도 외국어 학습에서 유의어 교육의 중요성을 인지하고, 어종별, 품사별 유의어 연구를 많이 진행해 왔다. 하지만, 지금까지 중국인을 대상으로 한 유의어 연구의 유의어군들은 대부분 토픽 목록이나 한국어 교재에서 추출되며, 한중번역에서 유의어 연구는 아직 미흡한 편이다. 앞에서 학자들이 지적했듯이, 중·고급단계 올라갈수록 유의어가 많아짐에 따라, 학습자들이 유의어 선택 및 사용에 많은 어려움을 겪는다. 일반적으로 중국 내 4년제 대학교의 경우, 2-3학년부터 한중번역 수업을 개설하고 있는데, 이 즈음의 학습 시기가 학생들에게 있어 중급에서 고급으로 올라가는 중요한 시기이기도 하다. 듣기, 말하기, 쓰기, 읽기 등 외국어 능력에서 쓰기는 역시 학습자들이 가장 어려워하고 오류가 많이 생기는 부분이다. 번역수준은 학습자들의 한국어 종합실력을 드러내는 과목이며 특히 중요시해야 할 부분이다. 번역과정에서 정확한 어휘 사용, 특히 유의어의 선택은 질이 높은 번역문 생성에 큰 도움이 될 것이다. 이에 본 연구는 중국인 한국어 학습자들의 학습 현황을 고려하여, 중국 내 4년제 한국어학과 학생들을 대상으로, 한중번역 교재를 바탕으로 어종별 유의어군들을 정리, 의미 분석할 것이다. 학습자들이 유의어군에 대한 인지도 상황을 파악하기 위하여, 유의어군 조사, 유형화 작업은 4개 대학교 160명 학습자들을 표본 집단으로 추출하여 그 대상으로 하였다. 그리고 다음으로 해당 목록을 확인, 보충하여 한중번역에서 유의어군의 최종 목록을 정했다. 이어서 어종별 한중번역에서의 유의어군들은 연구에서 정해진 틀에 따라 의미 분석을 하고, OBE이념을 활용하여 유의어 교육 방안을 설계해 볼 것이다. 이에 본 연구의 결과물이 한국어 학습자, 특히 중국인 학습자들에게 효과 있는 유의어 학습·변별·사용 등에 도움이 되는 자료가 되기를 바란다.

2. 연구 대상 및 방법

외국어를 습득하기 위해서는 발음, 어휘, 문법 등 모든 요소가 중요하지만 그 중에서도 특히 어휘가 중요하다. 문법 없이 중심 어휘를 표현해도 의사소통이 되지만 어휘를 모르면 의사소통이 거의 불가능하다고 볼 수가 있다. 인지언어학 연구에 따르면 언어습득은 어휘습득에서 시작되며, 문법에 의해 직접 습득되는 것이 아니라 연상 기반의 경험을 통해 점차 문법화 단계로 전환된다(Skehan, 1998)[1]. 1990년대 이후 제2언어 학습과 관련된 많은 실증 연구와 관련 어휘 학습 연구는 외국어 어휘 지식과 어휘력이 다른 언어 능력 발전의 전제 조건이며 이러한 언어 능력 발전의 궁극적인 단계에서 질적 변화의 주요 근원이라는 것을 밝혔다. 따라서 어휘 학습은 외국어 학습의 중심적인 위치에 있어야 하며, 제2언어 학습의 핵심 역할을 담당하고 있다(Lewis 1993, 1997)고 하겠다.

그와 동시에, 많은 제2언어 학습 연구자들이 어휘 학습에서 번역의 중요성을 인식하고 있는데(Hulstijn, 1993[2]; Knight, 1994[3]; Prince, 1995[4]; Chun&Plass, 1996[5];

[1] Skehan P. A cognitive approach to language learning[M]. Oxford University Press, 1998. 89.

[2] Hulstijn J H. When do foreign-language readers look up the meaning of unfamiliar words? The influence of task and learner variables[J]. The modern language journal, 1993, 77(2): 139-147.

[3] Knight S. Dictionary use while reading: The effects on comprehension and vocabulary acquisition for students of different verbal abilities[J]. The modern language journal, 1994, 78(3): 285-299.

[4] Prince P. Second language vocabulary learning: The role of context versus translations as a function of proficiency[J]. The modern language journal, 1996, 80(4): 478-493.

[5] Chun, D. M.& Plass, J. L. Effects of multimedia annotations on vocabulary acquisition. The Modern Language Journal, 80(2), 1996: 183-198.

Laufer&Shmueli, 1997[6]), 그들의 연구에서는 번역학습이 그림 시연, 외국어 해석 또는 외국어 예문 제공보다 어휘 학습 효과가 더 우수하다는 것을 밝혀 주었고, Nation(2001)[7]은 모국어 번역이 수용형 제2언어 및 산출형 제2언어 어휘 지식을 테스트하는 데 좋은 방법이라고 지적하였다. Folse(2004)[8]는 어휘 학습에 대한 6가지 오해에 대해 언급하면서 특히 학생들이 번역을 사용하여 어휘를 배우는 것을 막아야 한다는 잘못된 견해에 반대하며 번역이 사실상 외국어 어휘 학습에 가장 효과적인 방법 중 하나라고 강조하였다. 한편, 싱글턴(Singleton, 2008)에 따르면 어휘는 언어의 중심이라고 불리는 만큼 한 텍스트의 각 구성요소 중 중요한 위치를 차지하고 있다는 것이다. 김경석(2006)에 의하면 어휘에 대한 이해가 바탕이 되지 않고서는 해당 문장의 구조에 대한 문법적 그리고 통사적 지식이 있더라도 정확한 의미 파악이 어렵고 그 결과 번역물의 오역으로 이어질 수밖에 없다.(호가, 2023)

번역은 학습자들이 자신의 언어로 원어 텍스트에 대한 이해를 다시 표현해야 하는 것이라고 볼 수가 있다. 즉, 이해를 바탕으로 원문의 의미를 충실하고 원활하게 전달해야 하며, 정확하고 올바른 목적 언어로 표현해야 한다. 번역 능력은 학생들의 외국어 실력을 종합적으로 보여주는 것이라며, 어휘량 및 어휘 이해는 학습자들의 번역 능력, 외국어 작문 능력, 의사소통 능력, 문화의식 등을 향상시키는데 큰 영향을 준다. 실제적으로 번역 오류에서는 어휘 번역 오류가 가장 큰 비율을 차지하고 있으며, 특히 의미가 비슷한 유의어 사용은 더욱 어려워하는 문제다. 반대로, 만약 학습자들

---

[6]   Laufer B, Shmueli K. Memorizing new words: Does teaching have anything to do with it?[J]. RELC journal, 1997, 28(1): 89-108.

[7]   Nation I S P, Nation I S P. Learning vocabulary in another language[M]. Cambridge: Cambridge university press, 2001.

[8]   Folse K S. The underestimated importance of vocabulary in the foreign language classroom[J]. CLEAR news, 2004, 8(2): 1-6.

이 번역 과정에서 유의어를 정확하게 변별하고 사용할 수 있다면, 문장 및 의미 연결에 도움이 될 뿐만 아니라 번역문에서의 묘사를 생동감 있고 섬세하게 만들 수 있다. 특히 문학작품에서 유의어를 정확하게 사용하고 번역문 내의 어휘 연결을 적절하게 수행할 수 있다면 번역문의 문장의 일관성을 이룰 수 있고 번역 작품을 보다 형상적이고 생동감 있게 만들뿐만 아니라 번역의 충실성과 대등성을 달성하며 학생들의 번역 수준을 향상시켜 학습자들의 외국어 구사 능력을 향상시킬 수가 있다.

지금까지 한중 양국은 서로 긴밀한 협력을 통해 정치·경제·인문·국제·지역 문제 등의 분야에서 눈부신 성과를 거뒀으며 이에 따라 중국에서 한국어 학습자들이 날로 증가하고 있다. 국가들 간의 교류가 날로 활발해지면서 통역과 번역은 두 국가를 잇는 가교로서의 역할만 하는 것이 아니라 다른 국가와 민족의 정신과 문화, 사상 등을 이해하는 매개체가 되고 있다 (全基廷 2008: 582). 한중 번역은 양국 관계에서 새로운 발전과 도약을 이루게 되는 고비마다 중요한 역할을 담당해 왔다. 특히 한·중 양국은 정치·경제·사회·문화 등 각 방면에서 정보를 전달하고 소통할 때마다 한국어 번역 인재의 중요성을 다시 한 번 확인되게 하였다. 이에 따라 한국어교육에서 질이 높은 한중번역 인재를 육성하는 것은 더욱더 중요하며 한중번역에서의 유의어 연구는 다음과 같은 의미를 지닌다.

여태까지 이루어진 유의어 연구에서 번역을 중심으로 다룬 연구는 전무한 실정이다. 앞에서 언급하였듯 한국어 학습자가 늘어남에 따라 한중번역 인재 육성과 관련된 연구도 다수 진행되었다. 크게는 한중번역에서 한국어 학습자 요구분석, 교육 과정 및 교재 개발, 교수 방안, 학습 주제 및 과제, 교수자 육성 등에 관한 연구가 있었다. 그러나 학습자들이 스스로 한중번역에서 나타난 유의어군 변별 및 교사가 한중번역에서 유의어를 교육할 때 현장에서 직접 참고할 수 있는 자료에 대한 연구는 찾아보기 힘들다.

본 연구에서는 중국내 4년제 대학교 한국어학과 학생들을 대상으로 한 중번역에서의 유의어 목록 선정 및 의미 변별을 연구하고자 한다. 이를 위하여 기존의 연구에서 많이 사용했던 한중한국어 교재나 한국어 능력 시험 분석을 통해 유의어를 추출하여 연구 대상으로 선정하는 방식과 달리, 중국대학교에서 가장 많이 사용한 번역교재에서 나타난 유의어를 중심으로 연구하고자 한다. 교재에서 나타난 유의어들을 어종별로 정리한 다음에『유의어 반의어 사전』,『(넓은 풀이)우리말 유의어 대사전』과 '네이버 사전' 등을 근거하여 해당 분류에 있는 유의어군들의 유의 관계를 확인한 후에 최종 어종별 유의어군 목록을 만들고 의미 변별을 할 것이다.

그 다음 4-5장에서는 선정된 어종별 유의어군들의 의미 차이를 변별하기 위해 먼저 선행연구에 따라 본 연구의 유의어 변별 틀을 정리한 다음에, 각 분류의 적합한 유의어 변별 기준을 적용해 본다. 다음으로 '꼬꼬마 세종 말뭉치 검색 시스템'을 활용하여 목표 유의어가 쓰인 용례를 검색하고 이에 대한 의미, 통사, 화용, 원 언어와 대조 등 정보를 확인하고 변별 분석할 것이다.

6장에서는 학습자 능동적인 학습을 바탕으로 성과중심개념인 성과기반교육(OBE: Outcome Based Education) 이념을 도입하여 한중번역에서 유의어 교육 방안을 설계해 보고자 한다. 먼저 OBE이념을 중심으로 한국어교육의 틀을 설정하고, 이어서 OBE이념을 바탕으로 Blended Teaching를 활용한 유의어교육의 틀을 모색해 볼 것이다. 그리고 그 틀에 따라 실제 교육 현장에서 활용할 수 있는 유의어 교육 방안을 제시하고, 중국 학습자들을 대상으로 교육 방안의 효과를 검증한다.

마지막으로 결론 부분에서 본 연구의 연구 목적, 의미 및 절차를 다시 한 번 정리하고 앞으로 해야 할 과제 및 본 연구의 한계점을 같이 제시한다.

3. 선행연구

본 연구는 크게 유의어 교육 및 한중 번역 교육과 관련성이 있기 때문에, 선행연구도 한국에서 유의어 연구 및 한국에서 한중번역 연구 두 가지로 나누어 살펴볼 것이다. 이를 통하여 유의어 연구 및 한중 번역의 연구 현황을 파악하여 본 연구의 연구 의미를 밝힌다.

3.1. 한국에서 유의어 연구의 현황 분석

지금까지 한국어 유의어에 관한 선행 연구를 살펴보면, 국어 교육 분야와 한국어 교육 분야로 나눠 볼 수가 있다. 국어 교육에서의 유의어 연구는 심재기(1964)를 비롯하여 1970년대에 본격화되기 시작하였으며, 한국어 교육에서의 유의어 연구는 80년대 이후에 와서 활발히 이루어졌다.

먼저, 국어학과 국어 교육을 위한 한국어 연구에서는 유의어의 개념과 분류가 핵심적인 내용이며, 유의어의 변별을 위한 의미 자질의 정교화를 위한 방법론이 중심을 이룬다. 이승명(1972)에서는 언어적인 측면과 언어 외적인 측면으로 나누어 유의어의 발생 원인을 구별했다. 이는 국어학에서 유의어를 발생 원인별로 분류하는 유형화의 시발점으로서 그 이후 많은 학자들이 유의어 유형 분류의 참고가 되었다. 홍영모(1976)에서는 유의어 발생원인 규명과 함께 유의어의 판별 여부 등과 같이 유의어 자체의 의미 차이를 중요하게 다루었으며, 이후 이석주(1981)에서는 이러한 논의가 본격적으로 진행되었고, 유의어 개념과 유의어의 구조, 유의어의 의미 차이 등과 같은 유의어를 구체적으로 살펴보았다. 같은 해, 김용석(1981)은 동의어와 유의어 구별을 위한 교체 시험법, 반의어 시험법을 제시하였고, 최창렬(1981)에서는 유의어의 발생 요인을 사회적, 어휘적 요인으로 구별하고 유의어의 의미적 차이가 방언, 문체, 감정 가치인 평가적 의미의 차이, 공기 제약에 의해 발생한다는 것을 밝혔다. 그 이후, 최은규(1985)에서는 유의어의 분석 기준을 문체, 정서 의미, 함축 성분 등 3가지로 제시하였고 김광해(1988)에서는 유의어의 성립 조건에 대한 검토를 하고, 형용사를 대상으로 유의어의 의미 비교의 틀을 제시하고 이를 통해 유의어의 이해의 폭을 넓힐 수 있다는 것을 밝혔다. 김준기(1999)에서는 유의어 개념, 생성 방식, 유의어의 범주 등을 체계적으로 제시하고 있으며, 유의어가 정도상의 차이가 있다는 연구 결과가 흥미로웠다. 이어서 김성화(1993~2003)는 '조용하다/고요하다', '바르다/옳다', '밝다/환하다', '불쌍하다/가엽다', '서운하다/섭섭하다', '곱다/예쁘다/아름답다'등 학습과정에서 많이 오류가 생인 유의성을 가지는 대표적인 동사와 형용사의 의미 차이를 살펴보았다. 그 외에, 김은영(2004)은 동사 유의어, 최홍렬(2005)은 형용사 유의어를 중심으로 유의어 변별 방법을 이용하여 해당 유의어 구별을 시도하였다. 앞선 국어학적 연구들을 종합해 보면 유의어 변별이 의미 자질과 구별되지 않으며, 유의어의 범위와 유의어의 범위에 대한 구체적인 제한점이 확인되지 않는다는 문제가 있다.

그 다음은 한국어 교육에서의 유의어 연구인데 주로 유의어 어휘 교육에 관한 논의, 교육용 유의어 어휘의 선정 연구, 유의어 사전 편찬 연구, 대상 및 품사에 따른 유의어 교육 방법 연구 등 몇 가지가 있다.

첫째, 유의어 어휘 교육에 관한 논의로 조현용(2000), 박재남(2002), 유현경, 강현황(2002), 임지아(2005) 등이 있다.

우선 조현용(2000)은 어휘 교육의 중요성부터 출발하여, 유의어 교육의 현황과 문제점을 분석한 다음에 유의어 수업의 예를 짧게 보여주었다. 이

연구는 유의어의 개념 정의부터 특징, 교육 방안까지 전반적인 한국어 유의어 교육에 대한 기초적인 틀을 제공해 주었다는 측면에서 중요한 가치가 있다고 본다. 이어서 박재남(2002)은 한국어 학습자들에게 조사를 통해 유의어 교육의 중요성을 파악하고 치환 검증법을 사용하여 의미 차이를 분석한 뒤에 의미적, 화용적, 통사적 관점에서 유의어를 재분류하였다. 하지만 유의어의 목록이 제한되어 있어 체계적인 교육으로 구현되지 못한다. 그리고 유현경, 강현화(2002)는 유의어를 '유사관계'라고 새로이 정립하고, 유사관계를 가지는 어휘군에 대한 정보를 어떻게 활용할 것인가에 대해 논의하였으며, 실제로 몇 개의 동사와 형용사의 유사 어휘군을 분석해 보았다. 임지아(2005)는 2개 대학교 중급 교재를 바탕으로 유의어의 교육 양상을 살펴본 다음에, 품사별로 유의어들을 분석하고 목록화하였다.

둘째, 교육용 유의어 선정 연구로, 최경아(2007), 권혜진(2008), 박아름(2009), 황성은(2010), 윤소영(2011), 고은정(2011), 이혜영(2012) 등을 찾아볼 수가 있다. 최경아(2007), 권혜진(2008)과 이혜영(2012)은 시간 부사 유의어의 선정에 초점을 맞췄는데, 최경아(2007)는 한국어 교재를 분석하여 단계별로 유의어를 선정하고 배열한 다음 학습 단계별로 유의어 교육 내용과 방안을 제시하였다. 이혜영(2012)은 최경아(2007)의 선정 기준을 보완하면서 기존 연구자들의 공통 시간 부사와 5가지 교재를 종합해서 한국어 교육용 등급별 시간부사 유의어 목록을 다시 정리하였다. 그리고 권혜진(2008)은 시간부사 유의어에 고유어와 한자어의 대응을 중심으로 유의어 목록을 작성하고, 사전을 참조하여 유의 관계에 대해 논의하였다. 그 이외, 박아름(2009)과 황성은(2010)은 명사를 중심으로 교육용 유의어를 선정하고 분석하였으며, 윤소영(2011)과 고은정(2011)은 형용사 유의어 선정을 연구하였다.

셋째, 유의어 사전 편찬 연구이며, 이지혜(2006), 봉미경(2011)과 맹지은

(2011), 한유석(2014), 김선혜(2018), 박아름(2020), 봉미경(2021), 심지영(2023) 등이 있다.

이지혜(2006)는 총 29개의 심리 형용사 유의어군을 중심으로 전산화된 말뭉치에서 심리형용사와 결합하는 언어 정보를 분석하고 심리형용사 유의어 사전 기술 방안에 대해서 모색하였다. 봉미경(2011)은 국내외 유의어 사전에서 변별 정보 기술 방법을 모색하고 한국어 학습용 유의어 사전의 기술 모형을 제안하였고, 봉미경(2021)에서는 유의어 사전 편찬 현황을 검토한 다음에 새 유의어 사전의 모형과 변별 정보를 토론하였다. 맹지은(2011)은 영어와 중국어 유의어 사전의 내적 구조와 외적 구조에 대해 살펴본 다음에, 고급 단계 학습자를 대상으로 한 유의어 사전의 개발을 시도하였다. 그리고 한유석(2014)에서는 먼저 유의어에 대한 정의를 규명한 다음에, 유의어 사전 구축방법, 문제점, 활용방안 등 3가지 측면에서 살펴보았다. 그리고 김선혜(2018)는 『연세 한국어 유의어사전』을 대상으로 하여 유의어 변별 사전으로서의 특징을 주목하여 살피고 특히 유의어 변별을 위한 고안된 공통 정보와 개별정보의 이원적 구조, 표현정보, 사용역 정보, 텍스트 장르 및 기타 정보 등 미시구조의 특성을 살펴보았다. 이 연구는 향후 외국인을 위한 학습용 유의어 편찬에 있어서 참고가치가 있다. 최근 인공지능 발전에 따라 인터넷, 모바일을 활용해 학습에 적용하는 경향도 보인다. 박아름(2020)에서는 대사전, 말뭉치와 한국어 용례 검색기를 활용해 59쌍의 고급 부사 유의어 군을 추출하였다. 그는 유의어 공통 특성과 시차 특성을 명시적으로 구분하여 기술하고 최근 검색 단어 및 관심 단어 저장 기능, 퀴즈 등 모바일 환경의 장점을 활용한 의미 정보 기술 모형을 제안하였다. 이 연구는 모바일 한국어 유의어 변별 사전 개발을 위한 기초연구로써, 모어 화자 이외에 한국어 교육 분야에도 의미가 있다고 볼 수가 있다. 최신 연구로는 심지영(2023)이 있는데 그는 기존 유의어 사전에 대한 분석을 바탕으로 중국인 학습자를 위한 한국어 유의어 사전의 한자어 기술 방식을 제안하였다.

넷째, 대상 및 품사에 따른 유의어 교육 방안의 연구들이며, 비중은 제일 크다. 대부분 중국인을 대상으로 하였으며, 품사별로 볼 때, 부사와 형용사가 제일 많고 동사는 비교적으로 적다, 그리고 한자어, 한자어와 고유어간 등 유의어 변별 및 교육 방안의 제시 연구도 있다.

(1) 부사 유의어 연구

부사는 용언을 수식 한정하는 기능을 가지고 있고 의미를 보다 정확하게 전달해주는 역할을 하며, 화자의 심리적 태도를 나타내기 때문에 유의어를 가지는 수량도 적지 않다. 게다가 부사는 화자의 표현 의도를 가장 잘 드러내 주는 품사로서 부사 유의어의 변별도 쉽지 않아서 최근에 부사 유의어에 대한 연구도 점차 많아지고 있는 추세이다. 부사 의미관계에 따라 한국어 교육에서의 부사 유의어 연구를 보면 대개 시간부사, 정도부사와 양태부사에 집중돼 있다. 연구자들로서는 이효정(1999), 강현화(2001), 봉미경(2005), 조진희(2005), 최경아(2007), 권혜진(2008), 정혜연(2010), 최화정(2010), 정영교(2011), 여위령(2012), 이혜영(2012), 이수남(2012), 양선희(2013), 최옥춘(2013), 박오란(2016), 강현주(2020), 윤주리, 송정근(2023) 등이 있다.

정도부사에 있어서 이효정(1999)은 정도부사의 결합 양상과 의미를 정리한 후에, 이를 바탕으로 올바른 학습 순서와 모형을 제시하였고, 양선희(2012)는 정도부사 유의어 4쌍의 말뭉치 용례를 바탕으로 의미 변별 기준을 제시하고 이에 대한 교육 방안을 마련하였다. 그리고 이수남(2012)은 정도부사 '다만, 단지, 단, 오직' 4개를 사전적, 의미적, 통사적으로 분석한 후에 각각 대응하는 중국어 표현까지 논의하였으며, 학습지도안을 제시하였다. 한편, 시간부사를 중심으로 하는 연구로써 강현화(2001)는 6가지를 순서대로 시간부사 유의어를 변별하고 '격자틀', '정도비교선'과 '군집'을 이용하여 교수 현장에서 교수 방법을 제시하였다. 봉미경(2005)은 말뭉치 용례 분석을 바탕으로 '방금'과 '금방'의 어휘적 특징을 다각도로 밝혀 의미 변별 기준을 제시하였다. 정도부사와 시간부사보다 양태부사는 많지 않으며 김지혜(2010)와 정영교(2011)가 대표적이다.

그리고 여위령(2011), 만리(2012), 최옥춘(2013), 박오란(2016)은 강현주(2020)에서는 부사 유의어 분석 및 중국인 학습자를 대상으로 교육 방안까지 제시하였다. 여위령(2011)은 '지금'과 '방금'을 중심으로 치환 검증법을 통해 의미 분석을 하였으며, 초급 중국인 학습자를 교육-학습 방안을 마련하였고, 최옥춘(2013)은 한중 시간부사의 의미, 용법상의 공통점과 차이점을 분석하여 유의어 변별과 교육 방법을 제시하였다. 박옥란(2016)은 중국인 학습자가 시간부사 유의어 사용의 어려움에 대한 인식에서 출발하여 한국어 시간부사 유의어의 이론적 배경을 살펴보고 '벌써'와 '이미'를 두 유의어의 차이를 정리하여 교육현장에서 사용할 수 있는 교육방안을 모색하였다. 마지막으로 강현주(2020)는 시간부사 '드디어, 마침내, 끝내, 결국' 4개 시간부사의 의미를 변별할 수 있는 유의미한 특성을 밝히고 한국어 교육 현장에서 실질적으로 교사에게 도움이 될 1차적 자료를 마련하였다. 윤주리, 송정근(2023)은 외국인 한국어 학습자를 대상으로 시점 시간 부사 유의어 '지금/현재', '이제'와 '금방/방금', 그리고 '갑자기/문득'의 변별에 필요한 학습 정보가 무엇인지 살펴보고 이를 바탕으로 실제 한국어 교육 현장에서 중 고급 학습자들에게 유의어 교육을 위한 방안을 제시하였다.

(2) 형용사 유의어 연구

인간의 감정을 나타내는 형용사들의 의미를 정확하게 구별하는 것은 쉽지 않다. 인간의 가장 기본적인 감정(basic emotion)인 두려움, 분노, 슬픔, 기뽐, 사랑 등의 일차 감정(primary emotion)도 각 감정 간의 경계를 구별짓기가 쉽지 않아서 이차 감정들(secondary emotions) 간의 차이를 구분하는 일은 더욱 어려운 과제로 인식되고 있다(김아림, 김바로, 2018, p40). 형용사 유의어 변별의 중요성을 인식하여 한국어 교육에서 형용사 유의어 연구도 많이 드러나고 있다. 형용사 유의어 연구에 있어서 김성화(2000-2003)는 가장 먼저 6쌍의 형용사 유의어군을 중심으로 연구하였고, 강현화(2005)는 감정 기초형용사의 유의관계변별 기제를 '기쁨, 슬픔'을 나타내는 형용사의 통합관계를 중심으로 논하였다. 그 이후, 이소현(2007), 유지연(2010), 김일환, 이승연(2012), 이미지(2014), 손달임(2019), 성미향(2021), 신명선,이미현(2022), 백명주, 신우봉(2022), 채은경, 강이경(2022), 이원이, 이미혜(2023) 등이 대표적인 연구자들이다.

　김성화(2000-2003)에서 제일 먼저 형용사 유의어 연구를 시작하였으며, 주로 '밝다/환하다', '고요하다/조용하다', '불쌍하다/가엾다', '바르다/옳다' 등 6쌍 유의어군을 중심으로 변별하였다. 이어서 이소현(2007)에서는 외국인 학습자를 대상으로 형용사 '부끄럽다'의 유의어 의미 변별의 기초 연구 및 지도 방안에 대해 연구하였고, 유지연(2010)에서는 외국인 초급 학습자를 대상으로 '아름답다', '곱다', '예쁘다'의 사전적 의미를 비교한 다음에, 실제 한국어 교재에서 사용된 용례를 찾아서 분석하고 해당 교육 방안을 제시하였다. 김일환, 이승연(2012)에서는 '안타깝다'류의 형용사를 중심으로 형용사 유의어의 공기어 네트워크와 활용을 살펴보았고, 이미지(2014)에서는 말뭉치 분석을 활용하여 '아쉽다, 아깝다'류 어휘의 의미와 사용맥락에 대한 정보를 분석하였고, 그 결과를 바탕으로 한국어교육 현장에서 활용할 수 있는 예문들을 제시하였다. 신인환(2013)에서도 말뭉치를 기반으로 형용사 유의어군 '기쁘다'와 '즐겁다'의 사용 패턴을 비교 연구하였고, 손달임(2019)에서는 한국어 학습자를 위한 감정 형용사-'즐겁다'유의어군의 각 어휘의 변별적 의미를 살피고 그 사용 패턴을 비교, 분석하였다. 성미향(2021)에서는 '심심하다' 유의어의 실제 사용 양상을 분석하여 그 의미와 문법적 특성을 밝힌 다음에 한국어 학습자를 위한 교육 방안을 고안해 보았다. 신명선, 이미현(2022)에서는 '부끄럽다' 유의어들의 한중 의미 비교를 통해 중국인을 위한 '부끄럽다'관련 유의어들의 의미 변별 기준을 제시하였고 해당 유의어군들의 뜻풀이를 정교화할 수 있는 기반 자료를 제공했다는 점에 의의가 있다. 백명주, 신우봉(2022)에서는 중국인 한국어 학습자의 '섭섭하다'의 유의어 사용 양상에 대해 살펴보았고 이를 통해 중국인 한국어 학습자들이 유의 관계에 있는 감정 어휘들을 변별하는 데의 어려움을 확인하였으며 그들이 어려워하는 상황 맥락과 의미 변별을 갖는 예문들을 활용할 수 있도록 제언을 하였다. 채은경, 강이경(2022)에서도 '안타깝다'류 유의어군을 중심으로 한국어 유의어 교육 방안을 연구했는데, 대부분 말뭉치를 분석하여 그 결과를 바탕으로 논의를 진행하는 기존 연구보다 실제 한국어 학습자들의 사용 양상과 오류에 대해 조사, 분석하여 의미 변별을 위한 실제 교육 방안을 마련하는 데에 의미가 있어 보인다. 이원이, 이미혜(2023)에서는 말뭉치를 토대로 감정형용사 '만족스럽다'와 유의어 '뿌듯하다', '흐뭇하다', '흡족하다'의 차이를 의미적·통사적·화용적 측면에서 변별하였고 한국어교육의 기초자료를 마련하였다.

　이상에서 분석한 결과, 한국어 교육에서 심리형용사에 대한 유의어 연구는, 지금까지 주로 '기쁘다', '즐겁다'에 집중된 가운데 '안타깝다' 또는 '무섭다', '만족하다' 등의 특정 유의어에 한정되는 점이 있다. 연구내용으로 볼 때 단순히 유의어군들 간의 변별 연구도 있으며 해당 교육 방안을 제시하는 연구도 있다. 연구방법으로는 말뭉치를 가장 많이 사용되는 것으로 나타나고 있다.

(3) 동사 유의어 연구

품사별에 따른 유의어 선행연구 검토의 세 번째는 바로 동사 유의어에 대한 연구들이다. 주로 김성화(1994-1997), 김은영(2004), 구묘향(2007), 양순영(2010), 김유정(2011), 박종호·황경수(2012), 이민우(2012), 안리주(2012), 마릉연(2018), 손연정(2019), 이연정, 이주미(2020, 2021), 안주호(2022) 등이 있다.

국어교육에서의 동사 유의어 연구는 김성화(1994-1997)부터 시작하였다. 그는 국어학 시야에서 8쌍의 동사 유의어를 중심으로 연구하였다. 김은영(2004)은 '즐겁다', '무섭다'류 유의어들은 감정동사에 포괄시켜서 명사와의 공기 관계를 이용하여 의미 차이를 분석하였다. 이 연구에서 분석해 낸 유의어들의 의미 차이는 의미 비교 연구에 기여할 수 있다. 하지만, 분석방법은 직관에 의존하고 있어서 논의의 객관성을 확보하지 못하는 단점이 있다. 동사 유의어에 대한 연구에서 구묘향(2007)의 경우 한문을 중심으로 연구하였다. 그는 '생각하다' 동사 '思'와 유의관계에 있는 동사 '想 念 慮 考 忆'을 대상으로 연구하였다. 논의에서는 '생각하다'라는 의미 이외의 의미 항목도 포괄하여, 유의어들 간의 공통점과 차이점을 구별하여, 이를 바탕으로 각각의 고유한 의미 자질들을 살펴보았다. 이 연구는 유의어 연구의 범위를 확장 시켰는데 '생각하다' 의미를 지닌 다른 한자들도 포함하면 더 효과적이지 않았을까 생각한다.

양순영(2010)의 경우는 한국어 교재의 기분 어휘를 바탕으로 유의어 쌍을 선정하여, 치환검증법과 결합 구성의 차이를 이용하여 4단계의 절차를 통해 의미 변별을 시도하였다. 이 연구는 비교적 많은 동사를 다루었으며 특정 대상인 중급학습에 대한 교육 방안도 모색하였다. 김유정(2011)은 세 가지 언어 사용영역의 하위 구성요소를 바탕으로 10가지의 분석 기준을 마련하였으며 이에 따라 '죽다'류 어휘 중 13가지의 사용역을 분석하였다. 이 연구는 외국인을 위한 한국어교육에서 현장 교사들이 유의어의 차별적인 의미를 제시하는 데 지침으로 활용될 수가 있다. 하지만, 연구대상에 대한 선정 이유를 밝히지 않고, 구체적인 교육 모형의 제시가 없다는 한계점을 갖고 있다. 박종호(2012)는 중급 단계 3쌍의 동사 유의어를 대상으로 학습자의 유의어 인식 실태와 의미 변별을 살펴보고 그 교육 방안에 대해서 기술하였다. 논의에서 다양한 명사 논항을 제시함으로 효율적인 학습 방안을 제시하였다. 하지만, 대상 유의어의 선정 이유가 보이지 않는 아쉬운 점도 있다.

몇 쌍의 동사 유의어를 주제로 한 연구로는 안리주(2012)도 있다. 그는 '깨다: 부수다', '가르다: 나누다', '찢다: 째다'등 3쌍 동사 유의어를 중심으로 말뭉치 사전의 예문을 치환 검증법과 성분 분석법을 통해 살펴보았다. 그리고 각 유의어 쌍의 의미 차이를 밝혔으며 등급별 활용방안도 제시해 보았다. 등급별, 단계별을 고려해서 다양하게 교수 방법을 제시하는 것이 논문의 장점이지만, 6개 단어만 가르치기에는 교사의 수업 준비 단계에서 부담이 너무 크다는 점이 있다. 이민우(2012)는 '두다'와 '놓다'의 다의적 양상을 비교하고, 실제 사용되는 맥락을 살펴 다의적 양상의 유사성과 차별성을 검토하여 두 단어의 유의관계를 파악하였다. 이 연구 역시 두 단어 선정 이유에 대한 언급이 보이지 않는다.

마룽연(2018)에서는 중국인 학습자를 대상으로 먼저 동사의 어휘 특징을 반영하는 변별 정보를 정리하고 이를 바탕으로 중국인 학습자가 이해하기 쉬운 1단계, 동사 특징이 잘 나타나는 2단계, 보충이 필요한 3단계로 나누어 동사 유의어 교육 내용을 설계하였다. 손연정(2019)에서는 한국어 인지 행위 동사를 대상으로 유의어 선정 기준을 정하고 한국어 유의어 목록 마련을 위한 기초 연구를 하였으며 학습자의 의사소통 능력 신장에 도움이 되는 자료를 제공하였다는 점에서 의미가 있다. 이주미, 이연정(2020, 2021)에서는 유의어 '이용하다'와 '사용하다'가 한중 두 언어에서의 공기관계를 밝혔고 이러한 차이가 한국어 학습자의 유의어 사용 양상에 미치는 영향을 분석하였다. 이를 통해 중국인 학습자 대상으로 유의어 교육할 때 용법을 중심으로 유의어에 대한 변별 정보를 명시적으로 제시하여 학습자들이 스스로 목표어에 대한 의미범주를 스스로 인지할 수 있도록 교육하는 중요성을 확인하였다. 한편, 안주호(2022)에서는 '지키다'와 유의관계에 있는 '유지하다', '챙기다'에 대해 사용례와 학습자 오류 등을 살펴본 다음에 효율적인 교육 방안을 제시하였으며, 유의어 교육에 있어서 가장 필요한 것은 다양한 문맥을 활용한다는 것을 강조하였다.

기준 동사 유의어 연구에 대해 살펴본 결과, 많은 연구에서 몇 쌍의 동사 유의어에만 주목하였으며, 나름대로 유의어 의미 변별을 시도했지만, 대부분 대상 유의어의 선정 이유는 불명확하다는 한계점을 드러내고 있다.

지금까지의 유의어 연구는 대개 동사, 형용사, 부사에 집중되어 있고 유의어 변별과 교수법이 다소 있다는 것을 알 수 있었다. 또한 이미 언어교육에서 담화 상에서의 실제 언어 사용의 중요성이 부각되고 있음에도 불구하고 사전과 기존 교재에서 벗어나지 못하고 있는 한계점도 역시 알 수 있었다. 따라서 기존의 연구들을 보완하여 담화 상에서의 실제 사용을 고려한 학습용 어휘 전체의 유의어 목록의 구축이 필요하다고 할 수 있겠다.

(4) 어종차이 유의어 연구

품사별 이외에 어종의 차이에 따른 유의어 교육에 관한 연구도 최근 들어 자주 나타나기 시작하였다. 주로 한자어 대 고유어 간의 유의어 연구에 집중돼 있으며 몇 쌍의 한자어에 대한 연구도 섞여 있다. 강미함(2011), 유추문(2011), 방가미(2012), 박새미(2012), 이희재(2013), 하설(2015), 양진경(2019), Cheng Hao(2020), 왕환환(2021), 송림보(2021), 김남정, 권연진(2021) 등의 연구가 그 대표적이라 할 수 있다.

한국어 어휘는 고유어와 한자어가 체계적 바탕을 이루고 있는데 하나의 고유어를 중심으로 다수의 한자어가 대응하는 일대다(一對多) 유의 관계를 형성하며 각각의 사용 맥락이 구분된다(김광해, 1989). 한국어 교육에서는 이러한 상황 맥락을 고려한 고유어와 한자어 유의어 교육은 거의 이루어지지 않고 있으며 그에 관한 연구도 매우 부족한 실정이다. 강미함(2011), 하설(2015), 양진경(2019)에서는 중국인 학습자의 고유어와 한자어의 유의어 사용에 오류가 많음을 파악하고 중국인 학습자를 위한 교육의 필요성을 제기하였다.

강미함(2011)은 중급 중국인 한국어 학습자를 대상으로 고유어와 한자어 간의 유의어 36쌍의 사용 양상을 조사하고, 오용 원인을 분석한 결과를 바탕으로 유의어 지도 방안을 모색하였다. 하지만 중급만을 다루고 있어 보다 넓은 범위를 다루었으면 하는 아쉬움을 남기고 있다. 중급만 다루는 강미함(2011)과 달리, 유추문(2011)은 고유어와 한자어 간의 전반적인 유의어 쌍의 학습 목록을 단계별로 총 791개 유의어 쌍을 추출하였다. 그리고 유의어 교수법을 이용해서 단계별 유의어 교육 방안을 마련하였으며, 교수 방안의 긍정적인 효과도 실험을 통해 검토하였다. 이 연구는 한국어 유의어 교육에서 한자어와 고유어 간의 유의어 학습 목록을 제시하고 활용할 수 있는 단계별 교수법과 학습 자료를 제공한다는 가치가 있다. 하지만 교육 방안에 초점을 맞추기 때문에 유의어 쌍 간의 구체적인 의미 차이 변별에 대한 언급이 없는 단점도 있다.

박새미(2012)는 고급 단계를 중심으로 치환 검증법을 이용하여 고유어와 한자어 간의 의미 차이를 분석하였으며 교육 모형도 제시하였다. 하지만 선정된 어휘의 양이 비교적 너무 적어 보편성을 확보하는데 다소 무리가 따른다. 그리고 이희재도 고급 학습자를 대상으로 고유어와 한자어 유의어 군의 의미 정보, 연어 정보, 화용정보를 중심으로 의미 변별을 시도하였으며, 의미 자질 분석 교수법과 연어 정보 교수법교육을 활용해서 교육 방안을 모색하였다. 이 연구에서 어휘 목록의 선정이 국립국어원에서 발표한 「국제통용2단계결과보고서」에 근거를 두고 있는 것이 특징적이다. 방가미(2012)의 경우는 한자어 유의어를 중심으로 연구하였다. 그는 한국어 능력시험 중급 어휘에 있는 83쌍 한자어 유의어를 중심으로, 품사별로 중국어와 대조를 통해 양국 유의어 한자어 목록을 추출하였다. 이는 중국인 학습자를 대상으로 한 한자어 유의어 교육에 기초적인 참고자료를 제공하는데 효과적이다. 하지만 중국인의 한자어 유의어 파악 상황에 대한 조사가 없고 한자어 유의어를 중국어로 번역하는 정확성도 부족하다.

하설(2015)에서는 고유어와 한자어의 사용 원리를 중심으로 중국인 학습자를 위한 한국어 유의어 교육 연구를 하였다. 그는 설문조사를 통해 중국인 학습자와 한국인 모어 화자간의 유의어 사용 양상의 차이점을 밝혔으며, 중국인 학습자의 오류 유형 및 원인을 분석하고 결과를 해석하였다. 그후, 살펴본 결과를 반영하여 효과적인 고유어와 한자어 교수·학습 내용을 구축하였으며, 교육적 효과를 검증하였다. 양진경(2019)은 한국어 교재 및 토픽에서 제시된 유의어를 추출하여 고유어와 한자어 유의어 교육 방안을 제시하였고, 송림보(2021)는 토픽기준으로 중국어권의 한국어 중급 학습자를 대상으로 고유어와 한자어간의 유의어의 화용적, 의미적, 통사적 차이를 검토하여 이를 기반으로 한국어 유의어 변별의 시사점을 찾아냈다. 한자어 간의 유의어를 중심으로 연구는 주로 Cheng Hao(2020), 왕환환(2021)등이 있다. Cheng Hao(2020)는 한자어간 유의어 연구의 필요성을 강조하였고, 치환 검증법과 성분 분석 검증법을 통해 토픽 및 대표적인 한국어교재에서 추출된 한자어 유의어 어휘들의 차이점을 분석하였다. 그리고 분석 결과를 통해 29개 유의어 오류 목록을 정리하였고 효율적인 교육방안을 제시하였다. 왕환환(2021)은 한자어 간의 유의어의 특징을 정리한 다음에, 한자어 간의 유의어 변별 기준을 설정하였고, 말뭉치를 활용한 유형별 한자어 간의 유의어 의미 변별 방법을 제시하였다. 이를 바탕으로 데이터 추론 학습을 적용한 유의어 교육 모형을 만들었고 교육 효과까지 검증하였다.

김남정, 권연진(2021)에서는 한국어 학습자가 어휘의 상황 맥락을 바탕으로 적절한 어휘를 선택할 수 있는 능력을 기르는 것이 어휘의 의미를 파악하는 것만큼 중요하다고 생각하여, 고유어와 한자어 유의어 교육을 위한 상황 맥락 요소를 설정하고, 실제 한국어 교재에서 어떻게 교육되고 있는지 현황 파악을 한 후, 상황 맥락 요소를 방법론적으로 적용한 고유어와 한자어 유의어교육 방안을 제안하였다.

이상에서 살펴본 결과, 어종차이 유의어 연구는 주로 중국인을 대상으로 하였으며, 모국어 학습자의 학회논문보다 중국인 유학생들의 학위논문에 집중돼 있다는 것을 알 수가 있다. 어종에 따른 유의어 변별 교육을 제시한 연구는 주로 고유어와 한자어 대응의 유의어에 대해서만 실시하였고 외래어까지 다뤘던 연구는 거의 없는 실정이다. 또한 유의어군을 학생이 항상 사용하고 있는 한국어 교재나 토픽 능력시험에서 찾아 목록화하는 경우가 많고 다른 교재(독해, 쓰기나 번역)를 분석한 연구는 아직 미흡한 편이다. 이러한 부족한 점을 보완하기 위해 더 공신력이 있는 자료를 통해 고유어, 한자어와 외래어 유의어군을 찾아야 하며 중·고급 학습자에게 더 적합한 어종별 유의어 변별 교육이 마련되어야 할 것이다.

3.2. 한국에서 한중번역 연구의 현황 분석

최근 한중 양국간 교류가 확대되면서 번역활동도 이에 발맞추어 증가하는 추세로 학자들의 관심사는 번역문의 질을 어떻게 향상시키는가에 집중되고 있는 실정이다. 지금까지 한중번역에 관한 연구는 주로 전문용어 번역 연구, 문학번역 연구, 번역 전략 연구, 한중번역 교육 연구, 한중 번역 기술 연구 등 5가지로 나누어 살펴볼 수가 있다.

3.2.1. 전문용어 번역 연구 분석

전문용어 번역 연구 논문들을 살펴보면 다양한 분야로 이루어져 있다는 것을 알 수 있다. 전문용어 번역 연구는 총 51편이 있으며, 주로 뉴스 보도, 정치 선전, 드라마 자막, 웹툰, 관광 안내서 및 홍보물, 음식, 법률, 비즈니스, 과학 기술, 의학, 학술어, 사전, 무형문화재, 천문, 경서, 종교 등 광범위한 분야가 포함된다. 그중에서 드라마나 영화 자막 번역 등 관련 번역 연구가 가장 많았고 신문기사 등 관련 연구가 그 뒤를 이었다. 그 외에 관광안내 수첩과 음식 등 분야에서는 어휘의 특징, 번역전략, 번역자의 주체성 등의 주제에 대한 검토로 구성되며, 한·중 전통문화 분야의 전문 번역 문제, 무형문화재, 농업 등의 분야 및 종교, 고전문헌 등과 관련된 번역 연구도 몇 편이 있었다.

먼저 드라마나 영화 자막 번역 등과 관련된 연구들이다. 이 부분은 전문적 번역 연구에서 가장 많았고 총 10편이 있다. 가장 먼저 연구한 학자는 나민구, 한혜연(2012)이고 그들은 중국 영화 제목의 한국어 번역 방법에 대한 검토를 하였다. 이어서 박경순(2013)은 한국 드라마 자막 번역에 관한 살펴보았고 張蕊, 정윤철(2018)은 한중 합작 영화 시나리오 번역에 대해 고찰하였다. 문경희, 권순희(2018)에서는 중국 코미디 영화에 드러난 유머 요소를 분석하였고 두빈, 이근석(2021)에서는 실시간 드라마 한중 번역의 특징과 번역 품질을 밝혔다. 그리고 자양판(2021)은 한중 시나리오 대화문을 중심으로 번역 연구를 하였다. 전향춘, 이아형(2022)은 팬자막과 공식자막 사이의 번역 양상을 비교하였고 호기, 이근석(2022)에서 중국의 한중번역 자막팀의 역사와 현황을 분석하였다. 최지영, 주몽아(2022)는 자막번역의 수용자 영향 분석을 위한 시론을, 최연연, 심보경(2022)은 드라마 〈사랑의 불시착〉을 대상으로 하여 북한 어휘를 중심으로 한중 번역의 실제와 그에 따른 분석 연구를 하였다.

그 다음은 신문 기사 등과 관련된 한중번역 연구인데 총 9편이 있다. 황은하(2013)에서는 말뭉치를 기반하여 한중 뉴스표제어의 문장부호 번역 문제를 연구하였다. 이어서 김혜림(2014)에서는 신문사설 코퍼스를 중심으로 한중 번역의 단순화와 명시화를 연구하였으며, 김혜림(2017)에서는 신문 사설에 나타나는 요청표현의 한중 번역 변이를 고찰하였다. 그 다음은 최윤곤(2017)으로 〈한겨레신문〉 사설을 중심으로 한국어 주어 생략문과 무주어문의 중국어 번역 양상을 살펴보았고, 강수정(2017)은 한중 번역 뉴스의 프레임 전환에 관한 연구를 수행하였다. 원림림(2021)에서는 『한겨레』 중문판 번역 사례를 중심으로 한중 번역의 혼종어 번역 전략을 연구하였다. 그리고 최근 연구로는 정나영, 이지환(2022)과 김선아(2022) 등이 있는데, 정나영, 이지환(2022)은 한국 내 뉴스 번역 연구 경향성에 관한 메타분석을 하였고 김선아(2022)는 한국 내 중국 뉴스 편역 양상을 고찰하였다.

세 번째 순위는 종교나 고전문헌과 관련된 번역 연구는 총 8편이 있으며 간금송(2010)의 이십오사(二十五史) 점교본의 번역은 중국학의 세계화 영향 연구부터 시작되었다. 그리고 최태옥(2016)에서는 『금강경』 번역에 대해 한중일 비교연구를 하였고 윤종갑, 박정심(2016)은 동아시아의 근대불교와 불경의 번역과 출판을 살펴보았다. 이어서 이고은(2017)은 19세기 한중 개신교 전도문서의 번역자와 번역 태도를 비교 분석하였고 이선경(2018)에서는 『한국주역대전』 집성을 중심으로 『주역』의 번역 현황과 과제를 검토하였다. 또한, 우심화(2019)는 CCM 복음 성가 중국어 번역의 문제점과 제안을 연구하였다. 최근 연구로는 WANG FEIYAN(2020)와 백수진(2022)이 있으며 각각 奎章閣藏本『西廂双文传』와 『麻衣相法』에 관한 번역 문제를 분석 검토하였다.

네 번째 순위는 관광 안내 및 홍보과 관련된 번역 연구들이다. 주로 권부경(2013), 정정(2014), 백수진(2015), 진형(2015), 孟維(2020), 이선(2022) 등 6명이 있다. 권부경(2013)에서는 경주지역 중국어 관광 안내 책자의 번역 오류를 분석하였고 정정(2014)은 문화간 커뮤니케이션의 시각으로 관광 홍보물번역에서의 겸손전략을 검토하였다. 백수진(2015)도 역시 한국 안동 지역을 중심으로 중국어 관광 안내 매체 번역의 오류를 살펴보았으며, 孟維(2020)는 서울 지역을 중심으로 중국어 관광 안내서의 번역 오류를 분석하였다. 진형(2015)은 이선(2022)은 각각 의료관광 홈페이지와 공공기관 재난 홍보자료를 중심으로 번역에서 나타나는 오류를 분석하였다.

정치 외교에 관한 번역 연구도 3편이 있었고, LiuDongjian, 김홍수(2010)에서 중국 새로운 지도층의 외교기조문의 번역 연구를 통하여 한중 관계의 추세를 예측하였다. 조신(2020)은 한중 정치 연설문에 나타난 대용어 번역을 중심으로 검토하였고 왕동매, 곽장예, 유인박(2022) 등은 중국 외교용언의 은유 유형 및 번역 방법을 살펴보았다.

그 외에 K-pop, 음식, 문화, 법률과 관련된 연구도 주목할 만하다. K-pop 번역 연구에 있어서 양인화(2014)와 풍영원, 이근석(2021)은 각각 EXO 및 WINNER를 대상으로 가사 번역 연구를 하였다. 음식 번역에는 김혜리(2012)와 평판판, 진현(2017)은 한중 음식명의 번역 양태비교 및 수용성을 살펴보았다. 문화와 관련된 번역 연구는 주로 금지아(2018)와 김일권(2020)이 있다. 금지아(2018)에서는 한국 중요무형문화재 명칭의 중국어 번역 방안을 연구하였고 김일권(2020)은 농진청 국역농서 발간의 학적 성취와 민속문화사적 연구 방향을 제시하였다. 법률 번역에 있어서 유진기

(2007)는 최초로 중국 물권법과 기업소득세법을 중심으로 번역 연구를 하였고 김성수(2020)에서는 「중화인민공화국 민법전 혼인가족편」의 번역을 중심으로 살펴보았다.

마지막으로 기타 전문적 번역인데 주로 중국어 학술어 번역(허재영, 2018), 『新式妇人治家法』의 한자어 번역(이준환, 2018) 다국적 소비재 브랜드 중문명 번역(김은희, 2019) 및 한중일 번역사 '위생'의 성립 및 수용 연구(Tian Yu, 2021) 등이 있다.

전문용어 번역 연구에 있어서 한중 드라마나 영화 자막 번역은 2012년부터 시작하여 최근 몇 년간에 해마다 연구량이 전체적으로 증가하는 추세를 보이며 전문용어 번역의 초점이 되고 있다. 그리고 신문 기사 등과 관련된 한중번역 연구에서는 주로 번역 전략을 중심으로 전개하고 있는 반면에 관광 안내 및 홍보물의 번역 연구는 주로 오류 분석에 치중하고 있음을 알 수가 있다. 전문 용어의 번역도 최근의 핫이슈로 학자들이 다양한 분야의 전문 용어 번역 문제와 전문 용어 번역의 원칙, 전략, 방법 및 번역 질 높이는 방법을 논의하였다. 한편, 농업, 법률 등과 번역과 관련된 연구를 검토하면서 한국에서의 한중번역연구는 인문 언어학 뿐만 아니라 농업, 법학 등과 융합하여 교차적 학문연구를 하고 있는 경향도 알 수가 있다.

3.2.2. 문학 번역 연구 분석

문학 번역 연구는 주로 번역가, 번역 작품, 번역 전략 등에 중점을 두어 진행하고 있으며 총 45편이 있다. 세부 연구 주제를 살펴보면 주로 한중 대표적인 문학 작품들을 중심으로 하는 번역 연구, 한중 문학번역의 번역 문제 및 번역 전략 연구 그리고 제3국가 시각에서 본 한중번역 비교연구 등 세 가지가 있다. 그중에서 한중 문학 작품에 대한 번역 연구가 30편으로 제일 많은데, 번역 연구의 66.7%를 차지하고 있다. 그 다음은 한중 문학의 번역 문제 및 번역 전략 등 연구이며 10편이 있고 나머지 기타 연구로 5편이 있다.

먼저 한중 대표적인 문학 작품 번역연구는 나라별로 한국 문학 작품 및 중국 작품으로 두 가지를 나눌 수가 있고 시대별로 다시 '고대, 근대, 현대' 등으로 유형화할 수가 있다. 나라별로 볼 때 한국 작품에 대한 번역 연구는 13개가 있으며 중국 문학 작품을 중심으로 하는 연구는 17편이 있다. 그리고 연대별로 볼 때, 근대 문학 작품의 한중번역 연구는 17편으로 가장 많았고 현대 문학 작품의 한중 번역연구는 10편으로 두 번째 순위이다. 고대 문학작품에 대한 연구는 3편으로 제일 적다. 한편, 작품으로 볼 때 고대 문학작품은 『翻译老乞大』(장윤희, 2005), 唐诗『清明』(조연, 박성일, 2018), 『铁世界』(조숙려, 오순방, 2019), 『西汉演义』(박우정, 2022)등, 근대에는 주로 『광인일기』(홍석표, 2013), 『허삼관 매혈기』(김정구, 2015), 『雷雨』(김지은, 2019), 『진달래꽃』(송징양, 2020), 『배다라기』(김지혜, 윤영집, 2021), 『삼포 가는 길』(웨이잉, 김지혜 2022), 『불여귀』(손총, 2022)등, 현대에는 『외딴방』(최은정, 2011), 『엄마를 부탁해』(홍경아, 2012), 『옛 우물』(오정희, 2012), 『항아리』(김명순, 2016), 『快活』(차용, 2019), 『红高粱』(송징양, 2021), 『蛙』(추육영, 2022), 『채식주의자』(곽장익, 유인박, 2022)등 한중 대표작품들을 중심으로 연구해 왔다. 그리고 연구 작가로 볼 때, 林语堂, 林纾, 曹禺, 鲁迅, 장혁주, 김동인, 현대의 신경숙, 오정희, 莫言, 정호승 등 대표적인 작가들에 집중돼 있다. 연구 내용으로 볼 때, 주로 대표적인 작품을 연구대상으로 삼아 번역의 수용, 한중 번역 과정의 유실과 오독, 번역 방법, 번역 특징, 서술 방식, 번역 문제 등이다.

다음은 전체적으로 한중 문학의 번역 문제 및 번역 전략을 서술하는 논문들이며 총 10편이 있다. 이선희(2009)는 한중문학작품 번역 속의 "화"의 개념화 양상을 고찰하였고 강경이(2011)는 한중 소설 속 비유적 요소 번역

차이를 연구하였다. 최은정(2012)에서는 한중문학번역에서의 문화적 요소 번역 문제를 대상으로 두 편을 서술하였고 손지봉(2015)은 중한 문학 번역의 현황과 전망을 정리하였다. 이어서 최은정(2015)도 중국 현대 소설의 국내 번역 현황 및 독자 수용 양상을 검토하였고 공수(2020)에서는 한중 소설 번역의 테마 구조 비교 연구를 하였다. 그리고 한위성(2017), 김정우(2020), 이가흔(2022)에서는 각각 독자반응이론, 상호 문화적 관점, 코퍼스를 기반해 한중 문학 번역의 의미 구성 연구, 해석문제, 그리고 중한 문학번역문의 언어적 특징 연구를 하였다.

마지막으로 기타 연구인데 주로 제3국가 시야에서 본 한중번역 비교연구이며 총 5편이다. 그중에서 최근 연구 성과로는 ELEWA ALaa F(2022)가 대표적이다. 그의 연구에서는 아랍권의 한중일 문학 번역 및 한국 문학의 위상을 고찰하였고, 제3자로서 한국 문학의 번역 문제에 대해 살펴보았다.

한중 문학 번역에 있어서 주로 한중 대표적인 문학작품 및 작가를 중심으로 연구를 전개하고 있음을 알 수가 있다. 연구자 및 연구 방법에 따라 연구 대상인 문학작품을 선택하여 살펴보고 있다. 특히, 근대 문학번역에 관한 연구가 가장 많았고 한국 작품의 중국 번역보다 중국 작품의 한국 번역의 양상, 방법 및 문제에 대해 연구가 비교적 많은 편이다. 이는 한국에서 진행되는 한중 번역 연구기 때문에 한역본(韓译本)을 중심으로 이루어져 있다고 생각해 볼 수가 있다.

3.2.3. 번역 전략 연구 분석

번역 전략은 번역 과정 전반에 걸쳐 중요한 역할을 하며 번역 과정에서 늘 중요하다. 번역 전략 능력은 번역 능력의 구성 요소에서 정합적인 역할을 하며 다른 하위 능력을 조정하여 더 잘 기능하도록 도울 수 있다. 번역 전략 능력은 특정 단계나 단계를 목표로 하는 것이 아니라 전체 번역 과정과 커뮤니케이션 활동의 목적 달성에 중요한 영향을 미치는 전반적인 능력이라고 말할 수가 있다. 번역자는 번역 단계에 따라 다른 번역 전략을 선택하게 된다. 한중 번역연구에서 세 번째로 많은 연구는 번역 전략 연구이며 총 30편이 있다. 주로 한중 번역 이론 연구, 서양 번역 이론 적용연구, 역자 전략연구 등으로 구성돼 있다.

먼저 한중 번역 이론연구의 경우는 총 10편이 있다. 박영록(1998)은 '한중번역과 글쓰기'를 주제로 하여 최초로 한중번역의 연구를 시작하였다. 그 외에 대표적인 논의로는 김선아(2002), 장기(2012), 우인호(2012), 김아영(2013) 등이 있다. 송현선(2014) 김선아(2002)에서는 한중번역에서의 '化'를 연구하였고 장기(2012)에서는 중국어 말하기 교육에서의 '교육번역'을 중심으로 살펴보았다. 그리고 우인호(2012)에서는 한중번역 표현의 전략 및 번역 방법을 분석하였고 김아영(2013)에서는 중한 및 한중 번역 사례를 중심으로 번역에서 문장 나누기의 전략과 기법을 검토하였다. 송현선(2014)에서는 한중 직유 번역과 번역 전략을 연구하였다. 이상에서 살펴본 결과, 한중번역 이론연구는 대부분 한중 번역의 특정 문제를 중심으로 번역 전략을 연구했다는 것을 알 수가 있다.

그 다음은 서양 번역 이론의 적용연구이고 주로 서양 번역 이론의 원칙·방법 또는 패러다임을 이용하여 각종 번역 문제에서의 적용연구들이다. 예를 들어서 서준(2011)의 「한중 번역 중에 어휘 오역에 대한 인지언어학적 고찰」, 권부경(2016)의 「한중 번역 오류에 대한 화용론적 분석」, 정일(2020)의 「한중 번역 연구: 번역 미학적 관점에서」, 최지영, 김혜경,(2021)의 「나이다의 등가 '다시 읽기'를 통한 영상물 표제어 중한 번역에 관한 소고」, 최지영, 이정순(2022)의 「페미니스트 번역 전략 '합력'의 한중 번역 적용을 위한 소고」등이 있다.

한편, 1950년대부터 1980년대까지의 전통번역이론은 번역에 대한 연구에서 언어 차원의 '충실성'에 더 많은 관심을 기울였으며, 1980년대에 이르러 번역 연구가 번역어 문화(target-text-orientation)로 전환됨에 따라 학자들이 번역을 특정한 역사적 시대와 문화적 배경에 두고 연구하기 시작하면서 번역자의 주체성이 점차 부각되고 번역자 연구가 발전하였다. 이로 인해 번역 연구자들은 점차 번역 전략과 기교에서 번역자의 주체성으로 관심을 옮겼다. 지금까지 한중 번역에서 역자에 관한 연구는 주로 손지봉(2001), 이민(2014) 등이 있으며 각각 발표문 및 즉석 통역 데이터를 바탕으로 한중통역에서 통역사에 대해 살펴보았다.

3.2.4. 한중번역 교육 연구 분석

한중 번역교육에서는 주로 한중 번역 수업, 한중 번역 교재, 한중 번역 난제 등을 중심으로 전개하였으면, 김명순(2015), 박미옥(2016), 박은숙(2018), 邹毓莹(2021,2023), 전패영(2023) 등이 있다.

김명순(2015)에서는 한중 또는 중한 번역에 있어서의 네 가지 난제를 분석하였다. 첫째는 어학 습득 기초단계에서 번역적 사고의 필요성을 조명하였다. 둘째는 한자어 번역의 문제점에 대해 다루었고 셋째는 관용어 번역의 어려움에 대해 분석하였다. 마지막으로 속담 번역의 문제점과 중요성에 대해 논하였다. 박미옥(2016)에서는 중국에 소개된 한국영화 제목의 번역 유형들을 비교, 분석해봄으로써 한국어 학습자들이 영화제목 번역을 통해 한국어의 문화에 대해 한층 더 깊이 이해하고 한국문화를 이해함으로써 한국어 번역을 더 잘할 수 있는 교육방안을 모색해 보았다. 중국내 한국어 교육에 있어서 주로 전체적인 한국어 교육에 대한 연구와 대표 지역의 한국어 번역 교육 연구들이 있다. 박은숙(2018)에서는 중국내 111개 대학한국어과 번역 관련 교과목과 기존 한국어 번역 교재들에 대한 자료 수집과 통계 분석을 통해 중국에서 실행되고 있는 번역 교육의 현황과 특징들을 연구하였으며, 중국에서 한국어 번역교육의 단점을 밝혔고 번역 인재, 번역 전공 교수, 번역연구와 교재 개발, 번역 교육 내용과 평가 기준 등에 대한 개선 방향을 제시하였다. 이 연구는 중국내 한국어 번역교육에 포괄적으로 현황 및 문제점을 정리하였다는 점에서 중국내 한국어 번역교육에 큰 지침이 되었다. 대표적인 지역 한국어번역 연구로는 邹毓莹(2021)과 전패영(2023)이 있는데, 추육영은 중국 산동성 소재 대학교를 중심으로 한-중 번역 수업 교육현황을 조사, 분석한 다음에 해당 개선 방안을 연구하였고, 전패영(2023)은 중국 산동 및 북경 지역에서 사용되는 번역 교재 4권을 분석함으로써 중국 대학 내 한국어번역 교육과정의 개발 방향을 모색하였다. 그 외에, 邹毓莹(2023)에서는 OBE이념을 도입하여 한중 번역에서의 유의어 교육 연구를 하였고, 이 연구는 번역에서의 유의어를 연구하는 첫 시도로 의미가 있다.

3.2.5. 한중 번역 기술 연구 분석

인공지능 시대 기술의 급속한 발전은 언어 서비스 산업의 글로벌화를 가속화했다. 번역 기술의 발전 변화가 급격하고, 번역 연구와 번역 실천 역시 큰 변화를 겪으면서 번역의 '기술 전환'이 더욱 두드러지고 있다. AI 시대 번역 기술의 광범위한 적용은 전통적인 번역 실천 모델을 변화시키고 언어 서비스 시장의 요구를 충족시켰을 뿐만 아니라 번역 연구와 번역 이론의 발전에도 영향을 미쳤다(Munday 2016: 275). 기술의 구동 하에, 전통 번역학은 점차 새로운 연구 지평을 열었고, 번역의 대상, 주체, 패턴, 환경, 교육 등에 현저한 기술 변화가 일어났다.

한중번역 기술 연구에 있어서 총 10편이 있으며 2014년에 시작하여 최근에는 많은 연구자의 관심을 끌고 있다. 황은하(2014)에서는 한중 뉴스 표제의 기계번역을 분석하였고 신경미(2017)에서는 중국어 자동 번역 시스템 현황과 제안을 정리하였다. 그리고 남철진(2018)에서는 구글번역(GNMT)의 문제점을 한중번역을 통해 살펴보았으며 기유미(2018)에서는 파파고와 구글 번역기의 기계번역 오류를 비교하였다. 한편 공수(2019)는 사용자 평가의 시점에서 기계번역의 품질을 연구하였고 김혜림(2020)은 신문사설 한중번역을 중심으로 기계번역과 인간번역을 비교하였다. 한설옥(2020)에서는 한중번역을 예를 들어, 인공지능 시대의 기계번역 활용 가능성을 고찰하였다. 기계번역에 있어서 가장 많은 성과를 산출한 학자는 세종대학교 홍연옥이다. 홍연옥의 연구는 주로 한국어동음이의 동사를 중심으로 신경망기계번역 품질(2021), 한중 기계번역을 활용한 오류 수정(2022), 그리고 기계번역의 교육적 활용 가능성 고찰 및 제안(2022) 등이 있다.

한국에서 한중 번역 기술에 관한 연구는 주로 기계 번역에 치중돼 있는 것을 알 수가 있다. 그리고 구체적인 연구 내용을 보면, 특정 어휘나 전문용어의 한중 기계번역 시도 연구가 있으며, 기계번역은 한국어 교육에서의 가능성 고찰도 있다. 중한 번역 연구보다 한중 번역 연구의 비율이 더 높은 것으로 보인다. 연구자로서는 세종대학교 홍연옥 교수의 연구 성과가 가장 많았고 인문-IT 융합연구원으로서 언어와 통신 기술 분야 학제간 연구의 선도자라고 볼 수도 있다.

지금까지 본 연구주제와 관련된 유의어 및 한중번역에 대해 선행연구를 검토한 결과, 현재 유의어 연구가 한국어교육에서, 특히 중국인 학습자들에게의 중요성은 이미 널리 알려져 있고, 품사별, 어종별, 대상별 유의어 연구도 많이 했고 진행중이다. 하지만, 앞에서 언급한 듯이, 기존 연구의 목표 유의어 선정은 주로 한국어교재나 topik시험에서 출제된 유의어를 중심으로 하였고, 번역교재에서 유의어를 추출하고 변별하는 연구는 아직 미흡한 편이다. 그와 동시에, 한중번역연구에 대한 선행연구를 살펴본 결과, 역시 번역에서 유의어를 다루는 연구는 아직까지 鄒毓莹(2023)일 뿐이고, 번역은 한국어 능력과의 긴밀한 관계를 고려할 때, 한중번역에서의 유의어 연구도 활발하게 이루어져야 한다. 전애평(2023)에서 지적했듯이, 그동안 한국어교육 연구에서는 번역 교육을 고립적인 분야로 다루고, 번역능력과 한국어 능력의 관계를 간과하고 있다. 지금까지 한국어 번역 교육은 한국어교육 분야에서 주요하게 연구되지 않고 있다. 하지만 번역을 시작하기 전에 해당 텍스트의 이해부터 해야 하고, 외국어를 모국어로 이해하고 번역하는 과정에서 번역자가 어휘 선택은 정확한 번역의 첫 걸음이라고 말할 수가 있다. 이에 본 연구에서 보다 좋은 번역 실력, 보다 높은 한국어 능력을 키우기 위하여 한중번역에서의 유의어를 연구하고자 한다.

4. 한중번역에서의 유의어 선정

중국인 한국어 학습자를 대상으로 한중 번역에서의 유의어 의미 변별을 하기 위해서는 먼저 해당 유의어 선정하는 일이다. 이 장에서는 현재 중국에서 한중번역으로 가장 많이 사용된 한중번역교재를 중심으로 선별할 것이다. 유의어 교육에 있어서 학습자들에게 유의어 변별 방법을 가르치는 것도 중요하지만, 무엇보다 학습자들이 유의어에 대한 어느 정도 인지하고 있는지를 파악하는 것도 우선이다. 이에 본 연구에서 기존 한국어교재나 한국어능력시험에서 정해진 목록들에서 유의어를 추출하는 것보다 직접 학습자들에게 유의어군 정리, 분류 조사를 시킬 것이다. 이를 통하여 중·고급 학습자들이 한중번역에서 나타난 유의어에 대한 인지도도 파악할 수 있을 뿐만 아니라, 유의어군에 대해 어느 정도 알고 있는지도 확인할 수가 있다.

4.1. 조사 대상 및 방법

조사 대상은 크게 두 부분으로 나눌 수가 있으며, 하나는 조사 참가 학습자들이며, 하나는 조사된 교재이다. 먼저 앞에서 언급한 듯이, 유의어가 많다는 것은 한국어 어휘의 가장 큰 특징이며 중·고급으로 올라갈수록 유의어가 더 많아지는데 이 또한 학습자들이 어려워하는 부분이다. 이런 점과 중국내 실제상황을 고려하여 본 연구의 조사 참가 학습자들은 중국내 4년제 대학교 3-4년 학생들로 선정하였다. 3학년 학생들이 이미 2년 동안 한국어를 배웠고 일정한 수준의 한국어 실력을 가지고 있는 학습자들이라고 볼 수가 있다. 그리고 많은 학생들이 3학년 때 topik 시험을 보는데 중급 수준의 능력을 갖는 게 일반적이다. 보다 더 객관적인 한국어 능력 수준 판단을 하기 위하여 참가 학습자들은 4급 topik(중급)이상 자격증을 소지한 학생들로 정한다. 그리고 산동지역은 중국에서 한국어과가 가장 많이 개설 된 지역이기 때문에 본 연구에서는 산동지역에 있는 4개 대학교 3-4학년 총 240명 학생들을 대상으로 실시하였고, 그 중에서 4급 topik(중급)이상 자격증을 가지고 있는 학생들을 참가시켰다. 최종적으로 총 4개 대학교의 160명 학생들을 본 연구의 대상으로 하였다.

그 다음은 조사된 교재의 선정이다. 이번 조사대상은 북경대학교출판사 에서 출판하고 张敏, 金宣希 등이 편찬한 『中韩翻译教程』으로 선정하였 다. 『中韩翻译教程』은 중국 普通高等教育 '十一五'国家级规划教材(보통고등 교육 '十一五' 국가기획교재)이며 중국 국내 최초로 다양한 주제를 분석하고 있 는 번역교재이다. 중국에서 재판·3판이 될 정도로 주제의 다양성이나 내 용 면에서 교수자 뿐만 아니라 학습자의 호평을 많이 받았고 현재 많은 대 학교에서 주교재로 사용하고 있다. 학습자들에게 충분한 조사 시간을 주기 위하여 조사 기간은 2주로 정하였다.

조사 방법에 있어서 먼저 참여시킨 160명 학생들에게 『中韩翻译教程』 을 대상으로 유의어군 수집, 정리하는 과제를 부과하였다. 조사된 각 대학 3-4학년 학생 인원수를 통계로 나타내면 아래〈표1〉과 같다.

〈표1〉 중국 산동지역 4개 대학교 3-4학년 TOPIK 중급이상 학생 인원수

대학교	3학년	4학년	총 학생 인원수
S대학교	20명	18명	38명
Z대학교	20명	24명	44명
Q대학교	18명	22명	40명
K대학교	16명	20명	36명

효과적이고 정확한 유의어군을 추출하기 위하여 학교와 학년마다 팀(3-4

명에 한 팀)으로 나누어 줬다. 각자 어종에 따른 유의어군을 정리한 다음에 팀원과 토론을 통해 팀별 유의어군 목록을 제출하는 것이다. 한국어는 어휘 어종에 따라 크게 한자어, 고유어와 외래어로 나눌 수 있다. 고유어는 본래부터 한국에서 써 온 말이고 한자어는 한국 한자음으로 읽히는 한자어로 이루어진 어휘이며 외래어는 한자어를 제외한 외국에서 유입된 말이다(이선웅·이정화·서경숙, 2019:65). 따라서 조사에서는 160명 학습자들에게 먼저 『中韩翻译教程』에서 나타난 유의어군들을 모두 정리한 다음에, 세 어종에 따라 '고유어 대 고유어', '한자어 대 한자어', '한자어 대 고유어', '한자어 대 외래어', '고유어 대 외래어' 등의 유형으로 유형화시켰다. 그 외에, 확실하지 않거나 잘 모르는 경우, 기타로 표시해서 정리하였다. 그 과정에서 연구자는 학생들이 제출된 목록과 교재와 대조해, 혹시 누락된 유의어군이 있는 경우 보완할 것이다. 그 다음에, 학습자들이 수집, 정리된 유의어군 및 보완된 유의어군들을 『낱말-유의어사전』을 이용해 실제 유의어군이 맞는지를 재확인하고 본 연구의 최종 연구대상인 한중번역에서의 유의어군 목록을 정하였다.

4.2. 조사 결과 분석

이 절에서는 앞에서 정한 조사 참가 학습자, 조사 대상, 조사 방법에 따라 2주 동안 조사를 실시하여 그 결과를 분석하고 본 연구의 연구대상인 한중번역에서의 유의어군 목록을 추출할 것이다. 조사결과에 따르면, 총 84쌍 유의어군이 선정되었고, 그 중에서 '한자어-한자어' 유의어군이 49쌍으로 가장 많았다. 그 외에 '고유어-한자어' 유의어가 22쌍으로 두 번째 많았으며, '한자어-외래어' 유의어군은 10쌍으로 그 다음으로 많았다. 그리고 '고유어-고유어' 및 '고유어-외래어' 유의어군은 각각 2쌍, 1쌍으로 비교적 적게 나타났다. 어종에 따른 유의어군 분류 유형별을 정리하면 아래와 같다.

4.2.1. 한자어-한자어 유의어

학습자들이『中韩翻译教程』책에서 나타난 유의어군들에 대해 정리한 결과, 한자어–한자어 유의어군의 비중이 가장 높은 것으로 확인됐다. 유출된 한자어–한자어 유의어군을 정리한 결과 총 49쌍으로 나타났지만, 실제 낱말 유의어 사전에서 확인한 결과, 27쌍은 유의어군이 아닌 것으로 판명되었다.

<표2> 한중번역에서 나타난 한자어-한자어 유의어

번호	한자어-한자어	확인 결과
1	통일하다-통합하다	O
2	정통하다-능통하다	X
3	시간-일시	X
4	표준-기준	O
5	자기-본인	X
6	인쇄고-출력본	X
7	개최-거행	X
8	주최-주관	X
9	차-회	X
10	비준하다-승인하다	O
11	영도자-양국 정상	X
12	상의하다-협의하다	X
13	본국-자국	O
14	관심-흥미	O
15	축원하다-기원하다	O
16	참가하다-참석하다	O
17	고찰하다-시찰하다	X
18	효과-성과	X
19	보람-결과	X
20	접대하다-대접하다	O

21	계속-지속	O
22	우세-우위	X
23	우월-우위	X
24	책략-방안	X
25	전략-방법	X
26	통보하다-보고하다	O
27	여행-관광	O
28	질량-품질	X
29	창립-수립	X
30	창립-설립	O
31	단위-업체	X
32	유리하다-유익하다	O
33	제공하다-제시하다	X
34	반포하다-공포하다	O
35	확보하다-보장하다	O
36	상관-관련	O
37	창건-설립	O
38	미래-향후	X
39	손실-손해	O
40	예견하다-예측하다	O
41	회신-답변	X
42	운명-팔자	O
43	편지-서신	O
44	평정-선정	X
45	소질-수준	X
46	문자-언어	O
47	전년-연간	X
48	양면-양측	X
49	상술하다-언급하다	X

예를 들어서, '정통하다-능통하다' 유의쌍의 경우, 두 단어의 한자는 각자 '精通'과 '能通'이고 사전적 해석으로 '정통하다'는 '精通, 精擅, 擅长, 通晓, 熟

知'의 뜻이며, '능통하다'는 '精通, 精擅, 嫻熟, 熟练, 通曉'의 뜻이다. 중국어 번역된 뜻으로 볼 때, 두 단어가 서로 유의어가 되지만 실제 유의어는 아니다. 이는 모국어 간섭과 큰 관련성이 있는 것으로 보이며 학생들이 유의어의 인식 및 분류 기준에 대한 지식이 부족한 것으로 판단된다. 낱말 유의어 사전에서 확인한 결과, '정통하다'의 유의어는 '통하다, 달통하다, 숙지하다, 통달하다, 도통하다, 숙통하다'이고, '능통하다'의 유의어는 '밝다, 능숙하다, 익숙하다, 훤하다, 능란하다, 능하다, 능소능대하다, 암련하다, 환하다' 등이다.

이에 한중번역에서 한자어-한자어간의 유의어쌍은 최종 22쌍으로 각 유의어군의 사용 빈도수와 같이 재정리하면 아래와 같다.

<표3> 한자어-한자어 유의어 및 빈도수

번호	한자어	빈도수	한자어	빈도수
1	통일하다	5166	통합하다	2058
2	표준	861	기준	3871
3	비준하다	134	승인하다	744
4	본국	289	지국	767
5	관심	6665	흥미	1393
6	축원하다	57	기원하다	1018
7	참가하다	1785	참석하다	1702
8	접대하다	142	대접하다	873
9	계속	4973	지속	2521
10	통보하다	556	보고하다	1798
11	편지	2706	서신	104
12	여행	3201	관광	1086
13	창립	400	설립	1650
14	유리하다	1469	유익하다	234
15	반포하다	54	공포하다	1600
16	확보하다	2524	보장하다	2481
17	상관	973	관련	9451
18	창건	137	설립	1650

19	손실	558	손해	869
20	예견	307	예측	1033
21	운명	1905	팔자	357
22	문자	963	언어	5190

4.2.2. 고유어-한자어 유의어

박재남(2000:39-45)에서는 10종의 한국어 교재에서 660개의 유의어군을 정리하여 이를 어종별로 분류한 바 있는데, 한자어 대 고유어형 유의어군이 326개로 나타나 전체의 49.4%로 제일 많다고 제시하였다. 조사 결과에 따르면, 한중번역 교재에서 나타난 고유어-한자어 유의어군은 총 22쌍으로 두 번째 많은 것으로 나타나고 있으며 이를 자세히 살피면 아래<표4>와 같다.

<표4> 한중번역에서 나타난 고유어-한자어 유의어

번호	고유어-한자어 간 유의어	확인 결과
1	달하다-이르다	O
2	우선-먼저	O
3	까지-기준	X
4	결국-마지막	O
5	끝까지-최종적	X
6	최후-마지막	O
7	향후-앞으로	X
8	보다-접하다	X
9	지금-현재	X
10	표명하다-밝히다	O
11	빨리-신속히	O
12	맡다-담당하다	O
13	쓰다-기입하다	O

14	보내다-발송하다	O
15	다리-가교	O
16	세우다-수립하다	O
17	꽤-비교적	O
18	제때에-적기에	X
19	집-가정	O
20	받다-수상하다	X
21	도대체-과연	X
22	날짜-기간	X

〈표4〉에서 나타난 듯이, 고유어-한자어간의 유의어쌍은 총 22쌍이지만, 낱말 유의어대사전에서 확인한 결과, '까지-기준, 끝까지-최종적, 향후-앞으로, 보다-접하다, 지금-현재, 도대체-과연, 제때에-적기에, 받다-수상하다, 날짜-기간' 등 9쌍은 유의어가 아닌 것으로 판단되었다. 이는 한자어가 있어서 모국어 간섭으로 잘못 판단한 경우도 있지만, 해당 단어의 결합정보 파악 부족으로 인해 생긴 오류라 할 수 있겠다. '낱말 유의어 사전'과 대조한 결과, 한중번역에서 고유어-한자어간의 유의어쌍은 최종 13쌍이다. 그리고 13쌍 유의어군의 사용 빈도수는 재정리하면 아래〈표5〉와 같다.

<표5> 고유어-한자어 유의어 및 빈도수

번호	고유어	빈도수	한자어	빈도수
1	이르다	7105	달하다	1187
2	먼저	6916	우선	4754
3	마지막	4426	결국	5577
4	마지막	4426	최후	561
5	밝히다	10706	표명하다	535
6	빨리	3086	신속히	116
7	맡다	4026	담당하다	2206
8	쓰다	25392	기입하다	101
9	보내다	8096	발송하다	190

10	다리	3569	가교	36
11	세우다	5346	수립하다	1275
12	꽤	1461	비교적	112
13	집	23610	가정	3894

4.2.3. 고유어-고유어 유의어

한중번역에서 고유어-고유어 유의어군의 조사결과를 보면 총 2쌍이 나타나고 있지만,『낱말 유의어대사전』에서 확인한 결과에 의하면 2쌍 모두 유의어군이 아닌 것으로 판명되었다.

<표6> 고유어-고유어 유의어 및 빈도수

번호	고유어 간 유의어	확인 결과
1	거느리다-이끌다	X
2	되다-이르다	X

4.2.4. 한자어-외래어 유의어

한자어 대 외래어형 유의어 간에 일반적으로 의미적과 통사적 차이를 지니고 있다. 의미적 차이에 있어서는 한자어보다 외래어가 쓰이는 의미 범위가 좁고 적용할 수 있는 대상도 적다. 반면 한자어가 쓰이는 의미 범위는 항상 넓고 적용할 수 있는 대상도 외래어보다 많다. 따라서 포괄적인 경우일 때 한자어를 많이 쓰지만 제한적일 경우 외래어를 많이 쓴다. 조사결과에 따르면, 한중번역에서 나타난 한자어-외래어 유의어군은 총 10쌍이며, 정리하면 아래 〈표7〉과 같다.

<표7> 한중번역에서 나타난 한자어-외래어 유의어

번호	한자어-외래어 유의어	확인 결과
1	상무-비즈니스	O
2	황실-임페리얼	O
3	사진기-카메라	O
4	중심-센터	O
5	상표-브랜드	O
6	표-티켓	O
7	보고서-리포트	O
8	운동-스포츠	O
9	검사-테스트	O
10	할인-세일	O

한중번역수업은 중국 정규대학교에서 보통 3-4학년에 개설되며, 중고급 수준에 달하는 한국어과 학생들을 대상으로 번역 이론 및 실천을 통해 한국어의 종합적인 능력을 향상시키기 위한 교과목이다. 고급 한국어 학습자는 이미 일정한 한국어 학습 체계를 형성하고 한국어 고급 단계에 진급한 경우 한자어나 외래어 어휘가 많아지기 때문에 새로운 어휘를 만났을 때에 가장 먼저 그 어휘의 어종을 판단하게 된다. 이때 해당 어휘가 한자어나 외래어라면 원 언어에서 비슷한 발음을 가지는 단어를 떠올려 그 어휘의 의미를 추측하는 과정을 거치게 될 것이다. 이러한 모국어 간섭 현상 때문에 고급 한국어 학습자가 외래어 유의어를 습득하는 일은 생각보다 어려울 수 있다. 외래어는 차용된 언어권의 문화에 동화되는 과정을 거치기 때문에 역시 배우기가 쉽지 않다(주뢰, 2022:3). 〈표7〉에서 한자어-외래어 유의어군을 모두 확인하여 빈도수를 정리하면 〈표8〉과 같다.

<표8> 한중번역에서 나타난 한자어-외래어 유의어 빈도수

번호	한자어	빈도수	외래어	빈도수
1	상무	621	비즈니스	433
2	황실	31	임페리얼	10
3	사진기	49	카메라	904
4	중심	6239	센터	1190
5	상표	431	브랜드	449
6	표	2368	티켓	161
7	보고서	1140	리포트	96
8	운동	12276	스포츠	1171
9	검사	2960	테스트	178
10	할인	518	세일	161

4.2.5. 고유어-외래어 유의어

사회발전에 따라 한국에서 외래어/외국어를 사용하는 경향이 높아지면서 한국어 학습자의 외래어 학습 중요성도 점점 인지하게 되었다. 이소영(2011)에서는 한국어 학습자가 외래어를 학습할 때 많은 어려움을 겪고 있다고 지적하였으며, 학습자들은 한국어 공부 시 외래어의 양도 많고 외래어 학습이 필요하다고 응답하였다. 글로벌화가 이루어지면서 이에 따라 외국어 사용도 증가하고 있다. 이러한 결과로 해마다 새로 생겨나는 단어 중에서 많은 부분을 외래어가 차지하고 있다. 이런 매우 광범위하게 나타나는 외국어휘의 한국식 표현 역시 꼭 교육해야 할 부분이라고 볼 수가 있다. 올바른 외래어의 활용을 통해 어휘력 신장에도 도움을 줄 수가 있으며 어휘 의미가 변하거나 문법적 형태가 변한 경우, 학습자에게 습득이 어려움을 갖게 하지만 그 이유로 명시적인 교수 학습이 이루어져야 함을 알 수가 있다.

특히 유사성을 가진 고유어-외래어의 의미 변별은 한국어 학습에 있어서 더욱 어려운 내용이다. 한중번역에서 조사된 유의어군을 살펴보면, 고유어-외래어 유의어군은 한 쌍이 발견된다. 빈도수를 확인해 보면 아래 〈표9〉와 같다.

<표9> 한중번역에서 나타난 고유어-외래어 유의어 빈도수

1	열쇠	590	키	1828

4.3. 한중번역에서의 유의어 목록

4.2절에서 조사 및 조사 결과에 대해 정리한 결과, 총 84쌍 유의어군들에서 38쌍이 유의어쌍이 아닌 것으로 판명되었다. 따라서 최종적으로 본 연구에서는 46쌍 유의어군을 중심으로 작업이 진행될 것이며, 그 해당 목록을 어종에 따라 정리하면 아래 〈표10〉과 같다.

<표10> 한중번역에서의 유의어쌍 추출 목록

분류	어휘	빈도수	유의이	빈도수	품사별
고유어-한자어(13쌍)	이르다	7105	달하다	1187	동사
	먼저	6916	우선	4754	부사
	마지막	4426	결국	5577	명사
	마지막	4426	최후	561	명사
	밝히다	10706	표명하다	535	동사
	빨리	3086	신속히	116	형용사
	맡다	4026	담당하다	2206	동사
	쓰다	25392	기입하다	101	동사
	보내다	8096	발송하다	190	동사
	다리	3569	가교	36	명사
	세우다	5346	수립하다	1275	동사
	꽤	1461	비교적	112	부사
	집	23610	가정	3894	명사
	상무	621	비즈니스	433	명사

	황실	31	임페리얼	10	명사
	사진기	49	카메라	904	명사
	중심	6239	센터	1190	명사
	상표	431	브랜드	449	명사
	표	2368	티켓	161	명사
	보고서	1140	리포트	96	명사
	운동	12276	스포츠	1171	명사
	할인	518	세일	161	명사
	검사	2960	테스트	178	명사
고유어-외래어(1쌍)	열쇠	590	키	1828	명사
한자어-한자어(22쌍)	통일하다	5166	통합하다	2058	동사
	표준	861	기준	3871	명사
	비준하다	134	승인하다	744	동사
	본국	289	자국	767	명사
	관심	6665	흥미	1393	명사
	축원하다	57	기원하다	1018	동사
	참가하다	1785	참석하다	1702	동사
	접대하다	142	대접하다	873	동사
	계속	4973	지속	2521	명사
	통보하다	556	보고하다	1798	동사
	편지	2706	서신	104	명사
	여행	3201	관광	1086	명사
	창립	400	설립	1650	명사
	유리하다	1469	유익하다	234	형용사
	반포하다	54	공포하다	1600	동사
	확보하다	2524	보장하다	2481	동사
	상관	973	관련	9451	명사
	창건	137	설립	1650	명사
	손실	558	손해	869	명사
	예견	307	예측	1033	명사
	운명	1905	팔자	357	명사
	문자	963	언어	5190	명사

〈표10〉에서 나타난 것과 같이, 46쌍 유의어군에서 '한자어-한자어'유의어군은 22쌍으로 가장 많았고, '고유어-한자어'하고 '한자어-외래어', '고유어-외래어'는 각각 13쌍, 10쌍, 1쌍으로 나타났다. 품사로 볼 때, '고유어-한자어'에서 동사(6쌍)가 제일 많고, 그 다음은 부사와 명사는 각각 3쌍으로 나타났다. 그리고 '한자어-외래어' 및 '고유어-외래어'의 11쌍은 모두 명사였다. '한자어-한자어' 유의어군을 살펴보면, 역시 명사가 13쌍으로 가장 많았고, 그 다음은 동사이며, 8쌍이다. 그 외에 유형마다 형용사 유의어쌍도 있지만 그렇게 많지 않았다.

5. 한중번역에서의 유의어 의미 변별

이 장에서는 기존 연구에서 제시한 유의어의 의미 변별을 위한 유형 및 방법들을 살펴본 다음에, 본 연구에 적합한 유의어 의미 변별의 틀을 정하고 정해진 유의어 변별 틀에 따라, 한중번역에서 추출된 유형별 유의어 변별을 진행하고자 한다. 이를 위하여 먼저 서구, 한국과 중국에서 유의어와 관련된 개념들을 정리한 다음에 본 연구에서의 유의어 개념을 정하고자 한다.

5.1. 유의어의 개념

5.1.1. 서구 언어학계

서구의 언어학자들의 synonym를 '한 언어 체계 내에서 다른 단어와 같은 의미를 가지거나 혹은 거의 비슷한 의미를 가지는 단어'라고 정의하고 있다.[9] 이 '같거나', '거의 비슷한'이라는 정의로 인해 언어학자들은 완전 동의관계(complete synonym)의 존재 인정과 부정하는 두 가지 견해로 나누어져 있다. 그 중에서 Lyons(1994)는 완전동의 관계를 인정하는 대표이며, S.Ullmann(1962)과 Nida(1975) 등은 완전동의 관계를 부정하는 대표적이다. 그 외에 Darmesteter(1866), Bloomfield(1933), Hockette(1958) 등 학자

---

[9] 'a word with the same meaning or nearly the same meaning as another word in the same language:'Sad' and 'Unhappy' are synonyms.'(<Longman Dictionary of English Language and Culture>, Longman Group UK,1992,p1345)

들도 완전동의 관계를 부정하고 있다.

우선 완전동의 관계의 존재를 주장하는 Lyons(1994:237)를 살펴보면, 그는 ①모든 문맥들에서 단어들의 무제한적 교환 가능성 ②외연적 의미와 내포적 의미의 일치라는 두 가지 표준에 근거하여 네 가지로 구분하고[10], '완전하며 총체적인 동의 관계'를 인정하고 있다. 그는 '완전한 동의어'라는 용어를 인지적일 뿐 아니라 감정적인 의미로 사용하고, '총체적 동의어'는(완전성 여부를 떠나) 모든 문맥에서 서로 교환할 수 있는가의 여부에 한정시킨다고 구별지었다.[11]

그 다음은 완전동의 관계의 존재를 부정하는 대표학자 S.Ullmann(1962)과 Nida(1975)이다. S.Ullmann(1962)은 동의 관계의 존재를 부정하는 여러 학자들의 견해를 근거로 제시하면서 완전한 동의 관계가 존재하지 않는 것은 언어학에서 거의 인정되었다고 강조하였다.[12] 그는 과학 용어와 같은

---

[10] ① 완전하며 총체적인 동의성 ② 완전하지만 비총체적인 동의성 ③ 불완전하지만 총체적인 동의성 ④ 붐완전하면서 비총체적이 동의성

[11] J.Lyons. Introduction to Theoretical Linguistics ,p448. HorstGeckeler, <구조 의미론과 낱말밭 이론>, 张永千译, 集贤社, 1994, p237-238에서 재인용.

[12] S.Ullmann이 완전 동의어의 존재를 부정하면서 예시한 학자들의 견해와 주장은 다음과 같다.

① Jason: 단어들에 정확한 동의성이 존재하는 것은 거의 드문 일이다.

② Macauley: 문장 구조를 바꾸거나 하나의 synonym를 다른 것으로 대치시키면, 그 문장의 효과는 파괴된다. ③ Bloomfield

S.Ullmann, <Semantics:An Introduction to the Science of Meaning>, Oxford:Basil Blackwell, 1962. <의미론:의미 과학 입문>, 남성우 역, 탑출판사, 1988, p195

그 외의 다른 학자들의 견해는 다음과 같다.

① Hockette: 이 세상에는 같은 것이 하나도 존재하지 않으므로 엄밀한 의미의 동의어는 존재할 수 없다.

② Darmesteter: 발달된 언어에 있어서는 완전한 동의어란 존재하지 않는다.

③ Danzat: 동시대의 두 언어 혹은 수 개의 언어 속에 정확하게 서로 대응하는 말은 거의 없다. 다만 그들 사이에 몇몇 접촉점을 가지고 있을 뿐이다.

④ Haya-kawa: 실제의 언어 현실에서 엄밀히 따질 때,동일한 문맥에 꼭 같게 쓰이는 말

전문적인 용어에서는 완전히 교체 가능한 단어가 존재하지만, 구체적인 담화 대부분의 경우 실제적인 차이점이 존재한다고 주장하면서, '의미의 모호성과 정서적 함축으로 인해 완전동의 관계는 존재할 수 없다'고 주장하였다.

그리고 Nida(1975:15-19, 68-110)는 서로 다른 의미 단위(semanticuntis)가 지니는 의미들이 상하 관계를 맺을 수 있는 주요 방법으로 포함(inclusion), 중첩(overlapping), 상보(complementation), 연접(contiguity)의 네 가지를 들고 있는데, 유의어와 관련이 있는 관계는 포함 관계와 중첩 관계라고 말하였다. 그는 synonym이 모든 문맥에서 상호 치환되는 것은 아니므로, 의미상 동절이라고 할 수 없지만, 발화의 개념적 내용에 중요한 변화가 없는 일정 문맥에서는 상호 치환될 수 있으므로 중첩 관계로 보았다.

5.1.2. 한국 언어학계

한국 언어학계에는 Ullmann(1957:107~109)의 'one sense with several names'란 synonym 규정이 소개되면서부터 synonym에 관한 논의가 활발히 일기 시작하였다.

한국에서 synonym이론은 서구처럼 완전 동의를 인정하느냐에 따라 크게 두 종류로 파악하는 견해와 한 종류로 파악하는 견해로 나눌 수가 있다. 두 종류로 파악하는 견해는 완전 동의를 인정하면서 synonym을 완전 동의와 부분 동의로 양분하여 파악하는 견해이다. 그리고 한 종류로 파악하는 견해는 완전 동의를 인정하지 않고 synonym을 '유의어'이나 '동의어'로 파악하는 견해이다.

은 있을 수 없을 뿐 없다.
허은회(2008), 김성곤(1992), 논문 재인용.

완전 동의의 존재를 인정하면서 synonym을 양분하여 파악하는 학자들은 주로 김대식(1980), 허웅(1984), 김용석(1981). 김대식(1980), 김용석(1981), 김종택(1970a), 남성우(1972a), 양태식(1984), 최보일(1978) 등이 있다. 김대식(1980), 김용석(1981)과 허웅(1984)에서 완전 동의를 인정하면서, synonym을 동의어, 유의어로 구별하여 정의를 내렸다. 그리고 김종택(1970)에서도 완전 동의를 인정하였는데, 완전 동의를 동의어로 부분 동의를 유사어로 정의하였다. 남성우(1972a)에서는 synonym을 순수 유의어와 유사 유의어로 양분하였으며, 양태식(1984)에서는 완전 동의를 엄밀한 동의어로, 부분 동의를 느슨한 동의어로 구분하였다. 또한, 최보일(1978)에서는 동의적 유의어와 유의적 유의어라는 용어로 완전 동의와 부분 동의를 구분하였다. 이상으로 볼 때, 한국 학계에 synonym을 완전 동의로 인정하여 다시 두 종류로 분류하는 학자들은 개념에 있어서는 일치를 보이지만 용어 사용에 차이가 보인다.

한편, synonym을 한 종류로 파악하여, 완전 동의를 부정하는 학자들은 대체로 유의어나 동의어라는 용어를 사용하였다. 그중에서 synonym을 유의어로 정의하는 학자는 이숭녕(1972), 이용주(1972), 이승명(1972a), 홍영모(1976), 김광해(1989), 김진식(1991) 등이 있으며, 동의어로 사용하는 학자들은 최창렬(1981), 김진우(1985), 심재기(1985), 강기진(1987), 염선모(1987) 등이 있다. 그 이외에는 이을환(1963)과 이을환·이용주(1975)에서는 유의어 또는 동의어로 사용하였다.

이상으로 한국 언어학계에서 완전동의 존재 여부에 따라 synonym 이론의 범위에 대하여 학자들의 견해를 정리하였다. 학자마다 synonym에 대한 이해가 조금씩 다르지만 용어를 주로 '동의어'와 '유의어' 등 두 개로 보고 있다.

5.1.3. 중국 언어학계

현대 중국 언어학계에서는 일반적으로 synonym을 동의사로 번역하여 사용하며, 학자들은 대체적으로 동의사의 의미를 기본이 되는 의미와 부가적인 색채 의미로 나누고 있다. 범위는 조금씩 다르지만 부가적인 의미에 감정적인 색채의 차이, 구어(口語), 문어체[書面語] 등의 문체적인 차이가 존재한다고 보고, 기본 의미와 그 이외의 의미들까지 동일한 것을 동의사로, 기본 의미만 동일한 것을 근의사로 분류하고 있다. 한편, 서구와 한국에서 완전 동의의 인정 여부에 따라 synonym을 크게 두 가지로 나누는 견해가 있지만, 중국에서는 모두 동의사라고 번역하며 동의어의 하위분류로 잡유설(杂糅说), 근의설(近义说), 구분설(区分说)등 3가지로 설정한다.

첫째, 잡유설은 동의사가 동일한 의미 관계를 가진 단어도 포함시키고 유사한 의미 관계를 가진 단어도 포함시키는 견해이다. 이는 대표적인 학자로서 후위슈(胡裕树, 1987), 장징(张静, 1957), 손량명(孙良明, 1958), 찌아무(加木, 1960), 왕친·우지안쿤(王勤·武占坤, 1959), 고운다·왕리팅(高文达·王立廷, 1980) 등이 있다. 후위슈(胡裕树, 1987)에서 동의사는 의미가 서로 같거나 비슷한 단어로, 유의사(类义词)는 의미상 동일한 유의 사물을 대표하는 단어로 동의사를 포함시킨다고 하였다. 즉, 동의사와 근의사의 개념을 동의사라는 용어 하나로 포괄하고 있으며, 동의사를 크게 일반적인 상황에서 임의로 교체가 가능한 '완전동의사'와 '불완전 동의사'로 나누고 있다.[13] 장징(张静, 1957)에서는 동의사를 동의 동의어, 교차 동의어, 유의 동의어로 분류하였으며, 이를 통하여 유의어는 동의어에 속하다는 견해를 알 수가 있다. 손량명(孙良明, 1958)은 동의사란 의미가 같거나 비슷한 단어를 말했다는 견해를

---

[13] 胡裕树 外 编(1991),《现代中国语学概论》, 허성도 역, 한국학술진흥재단, p240-250

동의하였고, 유의어를 동의어와 구별할 필요가 없다는 입장을 나타내었다.

그 외 동시에, 찌아무(加木, 1960)도 같은 주장을 하였으며, 거의 같은 의미가 있거나 조금 의미 차이가 있는 유의어는 같은 언어 체계에서 같은 의미가 있는 동의어에 속한다고 하였다.[14] 왕친, 우지안쿤(王勤·武占坤, 1959)[15]은 어휘와 의미간의 동의 관계는 그것이 지칭하는 사물, 현상, 관계의 相同과 相近에 의해 결정되었다고 하였다. 지시 대상이 같고, 단어의 의미 동일한 단어를 등의 관계사(等义关系词), 지시 대상이 비슷하고 단어의 의미 내용이 대동소이한 단어는 근의 관계사(近义关系词)로 정의하였다. 그리고 등의사는 색채 기능(色彩机能)의 실현 수단으로 존재한다고 보고, 색체 의미에 있어서 완전 동일한 등의사가 존재하지 않으므로 등의사는 등의이채사(等义류彩词)[16]라고 주장하였다.

둘째 등의설(近义说)은 둘 이상의 어휘 의미가 완전히 동일한 범주에 속하는 것은 거의 존재하지 않고 동의어와 유의어를 하나로 합쳤다는 견해이다. 이에 대표적인 학자로 후밍양(胡明杨, 1985), 보춰(伯绰, 1951), 고밍카이(高名凯, 1955), 류링·천시유주(刘伶·陈秀珠, 1994)등이 있다. 후밍양(胡明杨, 1985)[17]에서 동의어는 실제적으로 유사한 의미를 가진 유의어를 가리킨다고 하였으며, 완전히 같은 의미를 가진 동의어는 같은 어휘체계에서 존재하지 않다고 하였다. 보춰(伯绰, 1951)[18]도 의미상 유사한 의미를 가진 단어들이 동의어라고 정의하였고, 고명카이(高名凯, 1955)[19]는 동의어는 바로 의미가 유사

---

[14] 방가미(2012), 『한·중 유의어 대조 연구』,경희대학교 석사학위논문, p17재인용.

[15] 武占坤, 王勤(1983), 《現代汉语词汇概要》, 内蒙古人民出版社, p101-102.

[16] 高文达.·王立廷(1980), 《词汇知识》, 济南, 山东人民出版社, p86.

[17] 胡明杨(1985), 《语言与语言学》, 武汉, 湖北教育出版社.

[18] 伯绰(1951), 《同义词例解》, 语文学习.

[19] 高名凯 (1955), 《普通语言学(下册)》, 上海东方书店.

한 단어들이라고 하였다. 류링·천시유주(刘伶·陈秀珠, 1994)[20]에서는 동의사는 의미소가 같다는 특징을 가지고 있으며, 실제 언어 동의사의 존재를 부정하였다. 일반적으로 말하는 등의사는 근의사를 가리키는 것이며, 동의사에서 근의사가 내포돼 있다고 말하였다.

셋째 구분설(区分说)은 동의사와 근의사가 존재함을 인정하지만, 확실하게 구별하여 뒤섞이면 안 된다는 견해이다. 즉, 근의사는 동의사의 한 종류로 생각하면 안 된다는 견해이다. 이에 대표적인 학자로는 류쉬우신(刘叔新, 1990), 그본이(葛本仪, 2001), 시에운칭(谢文庆, 1981)등이 있다. 류쉬우신(刘叔新, 1990)의 견해는 그 중에서 지배적으로 영향력이 컸다. 그는 '어휘들이 의미가 비슷하다고 해도 동의 관계가 아니다; 근의사를 동의사로 혼용하면 안된다(词语间意义的相接近,不等于同义关系:近义的词语不应混作同义词语.)'라고 하였으며, 근의사와 동의사 구별의 중요성을 강조하였다.

한편, 시에운칭(谢文庆, 1981)은 등의사를 등의사와 근의사 두 종류로 나누어 논의하였다. 그는 단어들은 주로 핵심의미[理性意义]와 부각의미[色彩意义]로 구성된다고 보았다. 핵심의미[理性意义], 부각의미[色彩意义]와 어법(语法)에서 구별없이 서로 대체할 수 있는 단어들을 등의사라고 하며, 이성의미, 색채 의미에서 차이가 존재하는 단어들을 근의사라고 하였다. 그본이(葛本仪, 2001)에서도 시에운칭(谢文庆, 1981)과 같이 동의사를 등의사와 근의사 두 종류로 나누었다. 단어의 어휘의미, 어법 의미와 색채 의미가 똑같은 동의사를 동의사라고 하며 절대 동의사(绝对同义词)라고도 한다. 그리고 의미가 비슷한 동의사를 근의사로 보고, 이를 상대 동의사(相对同义词)라고도 하였다.

---

[20]   刘伶, 陈秀珠(1994),《中国语言学概论》, 김용운,한종호 역, 중문출판사, p126.

이상으로 중국 언어학계에서의 주로 견해들을 분류별로 정리하였다. 3가지 견해를 비교해 보면, 잡유설은 '근의'의 범위 구별이 어렵고, 실제 동의에있는 단어들은 어떤 단어가 근의사인지 어떤 단어가 아닌지에 대하여 분쟁이 일으키기 쉽다는 단점이 있다. 그리고 근의사는 완전 동의의 존재를 부정하여, 이는 언어 사실과 어긋난다. 구분설(区分说)은 '동의'와 '근의'의 차이점을 인식하였으며, '근의'단어들을 '동의'단어들에서 분리시키려고 하였다. 이는 잡유설에 대한 근본적인 부정이라고 말할 수가 있다. 또한, 동의사 성립 기준은 중국 언어학계에서 동일한 견해가 없으며 주로 의의설(意义说), 개념설(概念说), 사물대상설(事物对象说)등이 있다. 구체적으로 보면 아래와 같다.[21]

첫째, 두 단어가 같은 문장 내에서 서로 교환되어도 기본 의미가 변하지 않아 의미적으로 공통점을 갖춘 것을 동의어라고 한다. 만일 호환성이 동의어의 본질적인 속성이라면 대부분의 동의어가 동의어군에서 배제될 것이며, 이는 사실상 불가능한 일이다. 그러므로 이러한 의견은 일부 학자들에 의해 날카로운 지적을 받고 있다.

둘째, 의미가 같거나 혹은 비슷한 단어이다. 이 의견은 가장 통용되는 의견이기는 하지만,여전히 어떤 단어가 '의미상 같거나 유사한 단어'인지가 명확하지 않으므로 동의어의 한계에 대한 새로운 기준을 제시하지는 못하고 있다.

셋째, 서로 다른 어휘가 의미상 기본적으로 일치하는지의 여부는 그들이 같은 사물과 대상을 지칭하고 있는지를 보아야 하며, 그들이 지시하고 있는 사물 대상이 동일하면 그것은 곧 동의어이고 그들이 지시하는 대상이 다르면 곧 동의 관계라고 할 수 있다는 의견이다. 이러한 의견은 역시

---

21   허은희(2008), 『고등학교 중국어 교과서 허사 유의어 오류분석 및 지도방안』, 명지대학교 석사학위논문, p22-23, 재인용.

많은 약점을 가지고 있다. 결코 모든 어휘가 사물의 대상을 가리키지 않는다는 것이다. 또 어떤 단어는 동일한 사물 대상을 가리키고 있는지 정확하게 알 수 가 없다. 예를 들어 '充足'과 '充沛', '交流'와 '交換' 같은 경우, 서로 동일한 대상을 가리키고 있다고 말하기 어려울 것이다. 실상 이러한 관계에 있는 유의어들이 존재할 뿐만 아니라 유의어가 아닌 어휘가 동일한 대상을 가리킬 수도 있다.

이상으로 서구, 한국과 중국 언어학계 synonym의 범위, 용어, 개념, 성립 조건 등에 대하여 살펴보고 정리하였다. 비록 세 나라 학자들은 synonym에 '완전 동의어'의 존재 여부에 대한 분쟁이 보이지만, synonym은 의미가 비슷한 단어들을 포함한다는 견해에서 일치한다고 말할 수가 있다.

따라서 본 연구자는 과학 용어나 전문 용어를 제외한 일반어에서 완전하게 똑같은 의미를 가진 단어는 존재하지 않다는 견해를 따르며, 유의 관계라는 단어들은 의미 비슷한 부분이 있지만, 각 단어의 뉘앙스와 의미 영역, 공기 관계에 차이가 있다고 본다. 그래서 본 연구에서는 synonym을 의미가 비슷하다는 유의어로 보는 선행 연구자들과 일치한다.

5.2. 유의어 변별 유형 및 방법

유의어 변별 유형 및 방법의 대표적인 연구로는 Collinson(1939), Jachkson(1988), 김광해(1987), 유현경, 강현화(2001), 박재남(2002), 조민정(2010) 등이 있다. 지금까지 유의어 의미 변별 유형 및 방법을 아래와 같이 정리한다.

<표11> 대표적인 유의어의 의미 변별 유형

대표학자	분류 유형			비고
Collinson(1939)	①한 쪽이 더 일반적이다 ②한 쪽이 더 강하다 ③한 쪽이 더 감정적이다 ④한 쪽이 도덕적으로 더 중립적이다 ⑤한 쪽이 더 전문적이다 ⑥한 쪽이 더 문어적이다 ⑦한쪽이 더 구어적이다 ⑧한 쪽이 더 방언적이다 ⑨한 쪽이 어린이 말이다			영어의 유의어 쌍을 대상으로 한 유형이다.
Jachkson(1988)	①지리(방언)			
	②문체(공식-비공식)			
	③직업분야(전문적-일상적)			
	④태도(내포)			
	⑤감수성(금기어)			
김광해(1987)	낮춤말, 높임말, 준말, 원말, 비유적 표현, 속어, 완곡어, 유아어, 특수어, 방언, 정감적 표현			국어학에서의 유의어 의미 변별 유형
유현경, 강현화 (2001)	차용에 의한 유의어	고유어와 고유어		외국어로서의 한국어교육학에서의 유의어 의미 변별 유형
		고유어와 한자어		
		한자어와 한자어		
		고유어와 외래어		
		한자어와 외래어		
	사회적 변이에 의한 유의어	방언		
		사회계층 간 언어		
		성별에 따른 언어		
		연령에 따른 언어		
		준비관계에 따른 언어		
	금기에 의한 유의어	금기에 의해 지시물에 여러 형식이 결합되어 생긴 언어		
	형태론적 변이에 의한 유의어	어휘의 음절을 도치 또는 단축시키는 과정에서 생긴 언어		
	문체적 변이에 의한 유의	의미는 비슷하나 글말과 입말에 각각 더 많이 쓰이는 언어		

		지시대상의 의미 영역의 차이	
박재남(2002)	의미적 관점	긍정 부정적 의미를 내포하는 차이	외국어로서의 한국어교육학에서의 유의어 의미 변별 유형
		강조하는 측면의 차이	
		동작을 하는 방식의 차이	
		정도의 차이	
	화용적 관점	사용하는 분야의 차이	
		격식, 비격식의 차이	
		화자의 태도의 차이	
	통사적 관점	통사적 결합의 차이	
조민정(2010)	어종에 따른 유형	고유어/고유어	외국어로서의 한국어교육학에서의 유의어 의미 변별 유형
		고유어/한자어	
		한자어/한자어	
		한자어/외래어	
		고유어/외래어	
	언어적 특성에 따른 유형	음운론적 유의어	
		형태론적 유의어	
		문법적 유의어	
		어휘 사용에 다른 유의어	

이상 〈표11〉에서 나타나듯이, 국어학과 외국어로서의 한국어 교육학에서 많은 학자들은 유의어 의미 변별 유형을 제출하였고 그에 따른 세부유형도 제시하였다. 특히 한국어 교육에서는 유의어의 유형을 주로 어종, 사회, 형태, 문체 등으로 나눠 볼 수가 있다. 본 연구에서는 어종별 유의어를 연구 대상으로 삼기 때문에 어종에 따른 유의어 유형 분류 방식을 적극적으로 활용하도록 하겠다.

한편, 외국인 습자들에게 유의어 유형만 제시하면 안 되고 그에 따른 유의어 의미 차이 분석 방법도 같이 있어야 해당 학습 교육 목표를 실현할 수 있을 것이다. 기존 연구에서는 유의어의 의미 변별 방법으로는 반의어 검증법(opposite test method), 나열 검증법(arrange test method), 문법체계 검증법(grammar system test method), 성분 분석 검증법(component analysis method), 치환 검증법(substitution test method) 등이 있다(김준기, 2000).

먼저 반의어 검증법(opposite test method)은 말 그대로 반의어를 사용하여 유의 관계에 있는 어휘의 의미를 변별해 내는 방법이다. 김준기(2000)에서는 유의어인 '줍다'와 '집다'의 의미 차이를 반의어를 통해서 검증하였는데, '줍다 ↔ 버리다', '집다 ↔ 놓다'의 반의 관계가 성립됨을 확인하였다. 이처럼 반의어 검증법은 반의 관계에 있는 어휘를 통해 유의어의 의미 차이를 알 수 있는데, 유의어들이 모두 반의어와 대응관계를 맺고 있지는 않기 때문에 반의어 검증법이 모든 유의어의 의미 차이를 변별해 낼 수는 없고 효율적인 의미 변별 방법으로 보기가 어렵다.

둘째, 나열 검증법(arrange test method)은 배열 검증법이라고도 하며, 주로 유의 관계에 있는 어휘들을 계열적 위치에 놓고 어휘 간의 의미 차이를 관찰하고 변별하는 방법이다. 예를 들어서 '실개천-개울-시내-내-하천-강-대하'등 유사 의미를 가진 어휘들의 경우, 나열을 통해 단어들간의 유사점과 차이점을 찾을 수 있다. 그러나 이러한 어휘의 계열적 나열이 유의어의 내포적 의미차이를 구체적으로 드러내지는 못한다는 단점을 가지고 있으므로 모든 유의어 변별에 적용할 수가 없다.

셋째, 문법 체계 검증법(grammar system test method)은 문법적 차이에 따라 나타나는 유의어의 의미 차이를 변별해 내는 방법이다. 천시권·김종택(1983:68)에서는 '먹다-잡수시다'처럼 평어와 존대어의 대응과 같이 '문법적 차이에 따라 발생하는 의미상의 차이를 나타내는 방법을 문법 체계 검증법'이라고 하였다. 그러나 이 방법은 유의어가 동일한 범위의 문법 범주에 속해 있어야 가능하다.

넷째, 성분 분석법(component analysis method)은 어휘를 구성하고 있는 의미 성분의 미세한 차이를 비교하여 유의어의 의미를 변별해 내는 방법이다. 예를 들어 '데리다'와 '모시다'의 경우 '데리다'는 [-존경]의 변별적 의미 자질이 없는 반면에, '모시다'는 [+존경]의 변별적 의미 자질을 가지고 있다고 볼 수 있다. 그러나 이러한 변별 자질들을 해당 어휘 자체에서 파악하기는 어려우며, 문맥의 도움을 받아야 명확하게 변별할 수 있다.

다섯째, 치환 검증법(substitution test method)은 교체 검증법이라고도 한다. 문장에서 한 어휘를 다른 어휘로 바꿨을 때 의미 차이가 나타나지 않고 완벽하게 치환되는 경우, 이들을 동의어로 판별하는 방법이다. 이 방법은 문맥 속에서 유의어 한 쌍을 골라 서로 치환한 후에 문맥 진리치가 변하느냐 안 하느냐에 따라서 유의어 간 의미 차이를 확인해 보는 방법이다. 예를 들어서 "평일/평소* 오후 6시20분"의 경우 '평일'을 '평소'로 바꾸면 비문이 되는 것이다. 이는 유의어들을 치환해 봄으로써 유의어 간의 의미 차이를 변별해 낼 수 있으므로 많은 유의어 변별 연구에서 이 검증법이 제일 많이 사용되고 있다.

그 외에 유의어 변별 방법에 대한 견해는 주로 김준기(2000), 임지룡(2008), 박재남(2002), 문금현(2004), 봉미경(2005), 박덕유(2006), 손남익(2013), 김은주(2014) 등이 있으며, 아래 〈표12〉 같이 정리할 수가 있다.

<표12> 대표적인 유의어의 의미 변별 방법

대표 학자	유의어 변별 방법	구체적 내용
김준기(2000) 임지룡(2008)	5가지 분석법	반의 검증법, 나열 검증법, 문법 체계 검증법, 성분 분석법, 치환 검증법
박재남(2002)	의미적	지시대상의 의미 영역의 차이
		긍정 부정적 의미를 내포하는 차이
		강조하는 측면의 차이
		동작을 하는 방식의 차이
		정도의 차이

	화용적	사용하는 분야의 차이		
		격식, 비격식의 차이		
		화자의 태도의 차이		
	통사적	통사적 결합의 차이		
문금현(2004)	1단계 의미 변별 기준	어종의 차이		
		사용 빈도의 차이		
	2단계 의미 변별 기준	적용 범위의 차이		
		지시 범위의 차이		
		표현상의 차이		
	3단계 의미 변별 기준	결합 구성의 차이		
	4단계 의미 변별 기준	내포 의미의 차이		
봉미경(2005)	4가지 검증	대치 검증		
		배열 검증		
		반의어 검증		
		결합제약 검증		
박덕유(2006)	2가지 방법	치환법		
		대립 검증법		
손남익(2013)	4가지 방법	어휘를 구성하는 형태소의 의미 차이		
		유의어를 해당하는 예문		
		유의어와 공기하는 연어에서 나타난 선택 제약		
		같은 한자를 사용하는 중국어나 일본어와의 의미 비교 분석		
김은주(2014)	1차 지표	빈도 및 등급		
		어원		
		담화적 차이		
	2차 지표	의미정보	사전적 의미	
			계열관계	
			결합관계	
	3차 지표	문법 정보		

　　표⟨12⟩에서 나타난 듯이, 학자들이 각자 연구 대상에 따라 해당 유의어 분석 방법을 제시하였다. 특히, 문금현(2004)은 제시하는 4단계 유의어 변별 기준에 따라 학습자가 유의어의 차이를 단계적으로 인식할 수 있다는

점에서 지금의 유의어 교육에서 널리 활용되고 있다. 기존 연구들의 유의어 변별 방법을 종합해 보면, 결합관계나 결합차이(결합제약) 등을 통해 유의어의 의미와 차이를 밝히려는 공통점이 있다. 외국인 학습자들에게도 순수 성분분석보다 구별하기 어려운 유의어군들을 다양한 문맥 정보나 결합 구성의 차이를 통해 보다 효과적으로 유의어를 학습할 수 있을 것이다. 이에 본고에서 〈표13〉과 같이 유의어 변별의 틀을 설정하고자 한다.

<표13> 한중번역에서 유의어군 변별 틀

단계	변별 기준	
1단계	어종 및 사용빈도 차이	
2단계	의미적 차이	사전적 의미 차이(공통 및 변별 의미)
	화용적 차이	공식적, 비공식적
		경어, 평어
		전문어, 일상어
		문어, 구어
	통사적 차이	결합 구성 차이
3단계	대응하는 원 언어 어휘와의 비교를 통해 차이를 밝힌다.	

5.3. 한중번역에서의 유의어군 변별

5.3.1. 한자어-한자어 유의어군 변별

한국어 어휘의 70%가 한자어이고 한국어 한자어와 중국어 한자어는 공통점도 있고 차이점도 많기 때문에 중국어를 모어로 하는 중국인 한국어 학습자들이 보다 빠르게 어휘를 습득할 수 있는 장점도 있는 반면에 오류도 많이 나타날 수 있다는 단점이 있다. 두 언어의 어휘 간에 보이는 부분적인 차이로 인해 고급 숙달도에 이르러서도 한국어 어휘 사용에 오류를 보이기도 한다. 특히 뜻이 유사하나 사용에서 미세한 차이를 보이는 유의어는 그 혼란이 가중되는 양상을 보인다. 왕환환(2021)에서는 비슷한 의미를 지닌 한자어 간의 유의어들이 대부분 같은 한자를 공유하기 때문에 공유한 한자를 제외한 한자의 의미에 의해 유의어의 변별 의미를 나타내는 특징이 있다고 지적하였다. 이 특징에 의해 같은 한자를 공유하는 한자어 간의 유의어를 변별할 때 공유한 한자를 제외하고 남은 한자의 의미를 통해 의미 차이를 변별할 수 있다고 하였다. 이에 이 절에서 한자어-한자어 유의어군 변별에 있어서 같은 한자어를 가진 유의어쌍의 공유한 한자어 외의 남은 한자의 의미도 고찰할 것이다.

<표14> 한중번역에서의 한자어-한자어 유의어군

분류	어휘	빈도수	유의어	빈도수	품사별
한자어-한자어	통일하다	5166	통합하다	2058	동사
	표준	861	기준	3871	명사
	비준하다	134	승인하다	744	동사
	본국	289	지국	767	명시
	관심	6665	흥미	1393	명사
	축원하다	57	기원하다	1018	동사
	참가하다	1785	참석하다	1702	동사
	접대하다	142	대접하다	873	동사
	계속	4973	지속	2521	명사
	통보하다	556	보고하다	1798	동사
	편지	2706	서신	104	명사
	여행	3201	관광	1086	명사
	창립	400	설립	1650	명사
	유리하다	1469	유익하다	234	형용사
	반포하다	54	공포하다	1600	동사
	확보하다	2524	보장하다	2481	동사
	상관	973	관련	9451	명사
	창건	137	설립	1650	명사

	손실	558	손해	869	명사
	예견	307	예측	1033	명사
	운명	1905	팔자	357	명사
	문자	963	언어	5190	명사

먼저 〈표14〉에서 나타난 22쌍 한자어-한자어 유의어군을 살펴보면, 품사별로 볼 때, 명사가 13쌍으로 제일 많고, 그 다음은 동사인데 총 8쌍이다. 그리고 형용사 유의어쌍은 '유리하다-유익하다' 하나밖에 없다. 이절에서는 품사별 '한자어-한자어'유의어군을 분석, 변별할 것이다.

(1) 명사류 한자어-한자어 유의어군

22쌍 한자어-한자어 유의어군에서 명사류는 '표준-기준, 본국-자국, 관심-흥미, 계속-지속, 편지-서신, 여행-관광, 창립-설립, 상관-관련, 창건-설립, 손실-손해, 예견-예측, 운명-팔자, 문자-언어' 등 13쌍이다. 앞에 〈표13〉에서 정해진 변별의 틀에 따라서 분석하면 아래와 같다.

① 표준(標準)-기준(基準)

먼저 사용빈도 차이를 확인한 결과, '표준(標準)' 및 '기준(基準)'은 각각 861, 3871로 나타나고 있다. 즉, '기준(基準)'의 사용빈도는 '표준(標準)'의 거의 5배보다 많은 것으로 나타났다. '표준(標準)'과 '기준(基準)'은 모두 '준(準)'이란 공통적인 글자를 가지고 있으며, 두 번째 단계에서는 의미적 차이부터 분석할 것이다. 『표준국어대사전』에서 등록된 뜻풀이를 비교해 보면, 두 단어가 '근거'란 의미에서 공통점을 가지고 있어 유의 관계가 형성되는 것이다. 그러나 '기준(基準)'은 '기본이 되는 근거'의 의미가 강하며, '표준(標準)'은 '사물의 정도나 성격 따위를 알기 위한 근거, 일반적인 것이나 평균적인 것' 등의 의미를 가지고 있다.

ㄱ. 배우자 선택의 <u>기준</u>/*표준은 사회에 따라서 그 강조점을 달리한다.

ㄴ. 진시황은 정치적 통일 이후 국가 <u>표준</u>/*기준을 확립하는 데 주력했다.

ㄷ. 그 사람 정도의 키면 한국 남자의 <u>표준</u>/*기준은 된다.

ㄱ,ㄴ,ㄷ)는 각각 말뭉치에서 추출된 예문들이다. ㄱ)에서는 '기준(基準)'만 사용하고 표준(標準)'을 사용하면 비문이 될 것이며, ㄴ)에서는 '표준(標準)'만 사용할 수 있으며 '기준(基準)'을 사용하면 비문이 된다. ㄱ)에서 배우자 선택의 '기본이 되는 근거'를 강조하기 때문에 '기준'을 쓰는 것이 적당하고, ㄴ)에서는 진시황은 통일하기 전에 국가 개념자체가 없는 시대라, 국가란 '일반적인 것'을 확립하는 것이기 때문에 '표준(標準)'을 사용하는 것이 더 마땅하다. ㄷ)도 마찬가지로, 한국 남자 키의 '평균적인 수치'를 말하기 때문에 '표준(標準)'이 더 적합하다.

그리고 결합 구성 차이를 보면, '표준(標準)'은 '을/-으로'와 결합하여 사용하기도 하지만, 그보다 '표준화', '표준계약서', '국가표준', '표준적' 등으로 나타나고 있다. '기준(基準)'은 주로 '-에, 을, 으로, 으로서'와 결합하여 사용하며, '은/이'와 같이 쓰는 경우도 있다. 마지막으로 두 유의어가 대응하는 중국어는 각각 '标准'와 '准则'로 볼 수가 있고, '标准'는 '对重复性事物和概念所做的统一规定, 它以科学技术和实践经验的结合成果为基础, 经有关方面协商一致, 由主管机构批准, 以特定形式发布作为共同遵守的准则和依据(반복적인 사물과 개념에 대한 통일된 규정. 이는 과학기술과 실무경험의 결합성과를 바탕으로 관련 당사자의 협의를 거쳐 주관기관의 승인을 받아 공동으로 준수하는 기준 및 근거로 특정 형태로 공포하다)'와 같이 쓰인다. '准则'은 '行为或道德所遵循的标准或原则行为准则(행위 또는 도덕이 준수하는 표준 또는 원칙 행위 준칙)'과 같이 모국어 간섭으로 인해 '기준(基準)'을 '基准'로 생각하는 학생들도 있는데, '基准'는 중국어에서 기계제조에서 많이 사용되는 개념으로 '用来确定生产对

象上几何关系所依据的点, 线或面(생산물체의 기하학적 관계를 결정하는 데 사용되는 점, 선 또는 면)' 처럼 한국어에서의 '기준((基準)'과 다른 의미를 가지고 있다.

<표15> '표준(標準)-기준(基准)'의 의미 변별 정보

변별 정보		표준	기준
사용빈도		861	3871
의미적 차이	공통의미	근거	
	변별 의미	일반적인 것. 또는 평균적인 것	기본이 되는 근거
통사적 차이	공통 결합	-을, -으로	
	변별 결합	표준화, 표준계약서, 국가표준, 표준적	-에, 으로서, 은/이
원 언어 대응 차이		对重复性事物和概念所做的统一规定, 它以科学技术和实践经验的结合成果为基础, 经有关方面协商一致, 由主管机构批准, 以特定形式发布作为共同遵守的准则和依据(반복적인 사물과 개념에 대한 통일된 규정. 이는 과학기술과 실무경험의 결합성과를 바탕으로 관련 당사자의 협의를 거쳐 주관기관의 승인을 받아 공동으로 준수하는 기준 및 근거로 특정 형태로 공포하다)	行为或道德所遵循的标准或原则行为准则 (행위 또는 도덕이 준수하는 표준 또는 원칙 행위 준칙)

② 본국(本國) - 자국(自國)

사용 빈도수를 보면, '본국(本國)'과 '자국(自国)'은 각각 289, 767로 나타나고 있다. 즉, '본국'에 비하여 '자국'이란 단어를 더 많이 사용하고 있다. '본국(本國)'과 '자국(自国)'은 모두 '국(國)'이란 공통적인 글자를 가지고 있다. 『표준국어대사전』에서 등록된 뜻풀이를 비교해 보면, 두 단어가 '자기 나라'란 의미에서 공통점을 가지고 있어 유의 관계가 형성되는 것이다. 그러나, '자국(自國)'은 '자기 나라'의 뜻만 가지고 있으며, '본국(本國)'은 상황에 따라, 사용하는 장소에 따라 '지배국이나 보호국을 식민지나 피보호국에 상대하여 이르는 말; 국적을 옮긴 경우 그 이전의 본디 국적이 있던 나라; 말하는 이가 공식적인 자리에서 자기 나라를 이르는 말' 등 3가지의 의

미를 가지고 있다.

ㄱ. 세계 각국은 <u>자국</u>/*본국의 이익을 가장 중시한다.
ㄴ. <u>본국</u>/*자국에서 귀하의 입국을 허가합니다.

ㄱ,ㄴ)말뭉치에서 추출된 예문들을 살펴보면, ㄱ)에서는 '자기의 나라'의 이익을 중시한다는 뜻으로 '본국(本國)'보다 '자국(自國)'이 더 맞는 것이고, ㄴ)에서는 공식적인 자리에서 자기 나라를 이르는 말이라 '자국(自國)'보다 '본국(本國)'을 사용하는 것이 타당하다. 그리고 결합 구성 차이를 보면, '본국(本國)'은 '으로/과'와 결합하여 사용하고 있는데, '자국(自國)'은 '-로, -의, 에' 등과 자주 같이 쓴다. 화용적 차이를 보면, '자국(自國)'보다 '본국(本國)'은 공식적인 자리에서 더 많이 사용된다.

\<표16\> '본국(本國)-자국(自国)'의 의미 변별 정보

변별 정보		본국	자국
사용빈도		861	3871
의미적 차이	공통의미	자기의 나라	
	변별 의미	ㄱ)지배국이나 보호국을 식민지나 피보호국에 상대하여 이르는 말 ㄴ)국적을 옮긴 경우 그 이전의 본디 국적이 있던 나라 ㄷ)말하는 이가 공식적인 자리에서 자기 나라를 이르는 말	자기 나라
통사적 차이	공통 결합	-로	
	변별 결합	-과	-의, 에
화용적 차이		공식적 자리	

③ 관심(關心)-흥미(興味)

'관심(關心)'과 '흥미(興味)'는 한자어로 볼 때 유사도가 높지 않지만,『표준

국어대사전』의 뜻풀이를 살펴보면, 두 단어는 '어떤 것에 마음이 끌리다'는 감정을 묘사하는 점에서 유사관계를 가지고 있다. 사용빈도로 볼 때, '관심(關心)'은 6665번, '흥미(興味)'는 1393번으로 나타나고 있으며, '흥미(興味)'보다 '관심(關心)'의 사용빈도가 더 높다는 것을 보여주고 있다.

ㄱ) 우리는 모두 사회에 여러 가지 문제를 안고 있는 아동들이 있다는 것을 알고는 관심/*흥미를 가져 주었으면 좋겠다는 바램이다.

ㄴ) 잃어버린 나를 찾기 위해 남에 대한 참견에서 나 자신의 세계로 관심/*흥미을 옮기자.

ㄷ) 저나 제 친구들은 그냥 음악에 흥미/*관심을 느껴 노래를 듣고 따라 부를 뿐입니다.

위에서 제시된 예문들을 살펴보면, ㄱ-ㄴ)은 '관심(關心)'을 쓰는 것이 마땅하고 ㄷ)은 '흥미(興味)'를 사용해야 한다. '어떤 것이 마음이 끌리다'의 의미에서 두 단어가 공통적 의미를 가지고 있지만, ㄱ)의 경우 다들 문제를 안고 있는 아동들이 있다는 것에 주의를 기울여야 한다고 강조하고 있으나 감정까지 강요하지 않아서 '흥미(興味)'보다 '관심(關心)'이 더 적당한 것이다. ㄴ)에서의 '관심(關心)'은 이제 남이 아닌 제 자신에 마음이나 주의를 기울임을 강조하는 의미로 '흥미'보다 '관심(關心)'을 사용하는 것이 더 정확하고, ㄷ)에서 나타나는 '흥미'는 '흥을 느끼는 재미'의 뜻으로 '관심(關心)'으로 바꿔 쓰면 비문이 될 것이다.

결합구성 차이에 있어서, 두 단어가 모두 '~끌다, ~가지다'와 같이 쓸 수 있지만, '관심(關心)'은 '관심이 있다/없다', '관심을 쏟다/기울이다' 등과 많이 결합되고, '흥미(興味)'는 '흥미를 느끼다, 흥미를 끌다' 등의 표현이 더 많이 사용된다.

<표17> '관심(關心)-흥미(興味)'의 의미 변별 정보

변별 정보		관심	흥미
사용빈도		6665	1393
의미적 차이	공통의미	어떤 것에 마음이 끌린다	
	변별 의미	어떤 것에 마음이 끌려 주의를 기울임. 또는 그런 마음이나 주의	감정을 수반하는 관심 흥을 느끼는 재미
통사적 차이	공통 결합	-끌다, -가지다	
	변별 결합	관심이 있다/없다. 관심을 쏟다/기울이다/보이다	흥미롭게, 흥미있게 흥미를 느끼다, 흥미를 끌다

④ 계속(繼續)-지속(持續)

'계속(繼續)'과 '지속(持續)'은 '속'이라는 공통된 한자어가 있다. '속(續)'은 '이어지다'의 의미를 포함되고 있으며 두 단어는 '오래 이어 나감'의 의미에 있어서 유사관계를 맺고 있다. 실제 사용빈도를 보면, '계속(繼續)'의 사용빈도는 4973번이고 '지속(持續)'의 사용빈도는 2521번이다. 즉, '지속(持續)'보다 '계속(繼續)'의 사용빈도는 더 높은 것으로 나타나고 있다.

ㄱ) 추석의 송편이나, 설날의 가래떡도 여전히 지속적으로/*계속적으로 전승되고 있다.

ㄴ) 오늘 강의는 지난 강의의 계속이다./*지속이다.

『표준국어대사전』을 보면, '계속(繼續)'과 '지속(持續)'은 '오래 이어 나가다'의 의미에서 공통 유사점을 찾을 수 있으나, '지속(持續)'은 '끊이지 않고 오래 이어지다'는 점을 강조하는 반면에, '계속(繼續)'은 '끊어졌던 행위나 상태를 다시 이어 나감'의 의미도 있다. 예문ㄱ)의 경우, 한국 사람들이 옛날부터 지금까지 끊어지지 않고 추석의 송편을, 설날의 가래떡을 먹고 있고 전승하고 있다는 의미라서 '계속(繼續)'보다 '지속(持續)'이 더 적당한다.

예문ㄴ)의 경우는, 지난 강의를 이미 끝내고, 오늘 강의는 지난번에 '끊어졌던 강의'를 다시 이어 나감의 의미로 '지속(持續)'보다 '계속(繼續)'을 사용하는 게 맞는 표현이다.

그리고 두 단어가 대응되는 중국어는 각각 '继续'와 '持续'이며, '继续'는 '連下去;接着做'의 뜻으로 '이어지다'의 의미가 강하고, '持续'는 '延续不间断'로 '끊이지 않다'의 의미를 더 강조한다.

<표18> '계속(继续)-지속(持續)'의 의미 변별 정보

변별 정보		계속	지속
사용빈도		4973	2521
의미적 차이	공통의미	오래 이어 나감	
	변별 의미	끊어졌던 행위나 상태를 다시 이어 나감	끊이지 않고 오래 이어지다
통사적 차이	변별 결합	계속+	지속에, 지속하기, 지속되다
원 언어 대응 차이		連下去;接着做	延续不间断

⑤ 편지(便紙)-서신(書信)

'편지(便紙)'와 '서신(書信)'을 비교해 보면, 사용빈도에서는 '편지'의 사용빈도는 2706번이며, '서신'의 사용빈도는 104번밖에 안 된다. 이를 통해, 실제 일상생활에서는 편지가 더 많이 사용되고 있음을 알 수가 있다. 『표준국어대사전』에서 확인한 결과, 두 단어는 '안부, 소식, 용무 따위를 적어 보내는 글'이란 의미에서 유사 관계를 가지고 있다.

ㄱ) 양가에서 일단 성혼하기로 <u>서신을/*편지</u>를 주고받은 후에 사주를 보내는 지방도 있고, 곧바로 사주를 보내서 혼인을 정하기도 한다.

ㄴ) 책에 관한 전화는 받지도 않고 보내지도 않으니 꼭 <u>서신/*편지(으)로</u> 하여 주십시오.

ㄷ) '고려사'에는 도선이 송악을 방문, 왕건의 선대에게 집터를 잡아주고 삼한
을 통일한 위대한 군주가 탄생할 것이라고 예언하고, 미래의 군주에게 <u>서
신을/*편지</u>를 남겼다는 전설을 담고 있다.

ㄹ) 그러면 모두에게 건강하라고 <u>편지를/*서신</u>을 보내야겠다.

ㅁ) 그렇게 궁금했으면 직접 전화를 하거나 <u>편지를/*서신</u>을 하지 그랬어.

예문ㄱ-ㅁ)에서는 '서신'과 '편지'를 사용하는 예문들이며, ㄱ-ㄷ)에서
'서신'을 사용했고, ㄹ-ㅁ)에서는 '편지'를 쓰는 것이 더 타당해 보인다. 구
체적으로 분석해 보면, ㄱ-ㄷ)에서 주로 한자어를 사용되는 언어 환경이나
공식적인 자리에 관한 내용이기 때문에 '서신(書信)'이 더 적당하고, ㅁ-ㄹ)
에서는 일상생활에서 구어체 표현이 더 강하므로 '편지(便紙)'를 사용하는
것이 더 맞는 표현이다. 즉, 사용빈도에서 확인할 수 있듯이, 같은 의미에
서는 일상생활에서는 '편지(便紙)'란 단어를 더 많이 사용한다.

<표19> '편지(便紙)-서신(書信)'의 의미 변별 정보

변별 정보	편지	서신
사용빈도	2706	104
의미적 차이	안부, 소식, 용무 따위를 적어 보내는 글.	
화용적 차이	일상생활, 구어체	문어체, 한자어 언어환경, 공식적 자리

⑥ 여행(旅行)-관광(觀光)

먼저 사용빈도를 비교해 보면, '여행(旅行)'은 3201번이고 '관광(觀光)'은
1086번이다. 이는 '관광(觀光)'보다 '여행(旅行)'의 사용빈도수가 더 높게 나
타나고 있음을 보여준다. 『표준국어대사전』을 보면, 두 단어가 '다른 지방
이나 다른 나라를 유람하다'의 의미에서 유의관계를 가지고 있다.

ㄱ) 일본에서 발행하는 관광/*여행 안내 책자는 한국 것에 비해 훨씬 정보가 섬세하고 정확하다.

ㄴ) 관광/*여행 명소를 방문해도 이곳과 관련된 재미있는 일화를 들려주는 경우가 없다.

ㄷ) 큰 사위 최 서방은 관광/*여행 안내소장으로 되었다.

ㄹ) 이제 이 물 흐름을 따라 코엑스몰 여행을/*관광을 떠나보자.

ㅁ) 그는 고민이 생기면 곧잘 여행을/*관광을 떠나곤 했다.

'관광(觀光)'은 한 지역이나 나라의 풍경, 풍습, 문물 따위를 구경하는 것으로 예문ㄱ-ㄷ)처럼 주로 '명소, 안내소, 안내 책자'와 많이 결합하여 쓰이며, '여행(旅行)'은 멀리서 떠나는 행위를 강조한다. '여행(旅行)'이란 단어에서 다른 지역이나 나라로 간다는 의미가 내포되고 있으나, 꼭 명소에 가는 것이 아닐 수도 있다. 예문ㄹ-ㅁ)처럼, 코엑스몰을 가거나 고민을 해결하는 방법으로 여행을 떠나는 것이다. 그리고 두 유의어가 대응하는 중국어는 각각 '旅行'와 '旅游,游览'로 볼 수가 있고, '旅行(여행)'은 '意思指远行, 去外地办事或游览; 去外地行走(멀리 가서 떠나가는 여행, 외지로 일 보러 가거나 유람; 외지로 나가 다니다)', '旅游,游览(관광)'은 '1)去参观名胜 2)现在称游览观赏一个国家或地区的政教,文物,习俗,风光等为观光(명승지를 구경하러 다니다; 지금은 한 나라나 지역의 정교, 문물, 풍습, 경치 등을 유람하다)' 등과 같이 쓰인다.

<표20> '여행(旅行)-관광(觀光)'의 의미 변별 정보

변별 정보		여행	관광
사용빈도		3201	1086
의미적 차이	공통의미	다른 지이나 다른 나라 가서 유람	
	변별 의미	장소는 명소가 아닐 수도 있고 수순한 구경일 수도 있다.	다른 지역이나 나라의 명소에 가서 풍경, 풍습, 문물 따위를 구경함

통사적 차이	공통 결합	-떠나다	
	변별 결합	여행에서, 여행의, 여행에 여행을 다니다	관광안내소, 관광업체, 관광협회 관광 책자, 시내 관광,
원 언어 대응차이		意思指远行, 去外地办事或游览 去外地行走 (멀리 가서 떠나가는 여행, 외지로 일 보러 가거나 유람; 외지로 나가 다니다)	1)去参观名胜 2)现在称游览观赏一个国家或地区的政教,文物,习俗,风光等为观光 (명승지를 구경하러 다니다; 지금은 한 나라나 지역의 정교, 문물, 풍습, 경치 등을 유람하다.)

⑦ 창립(創立)-설립(設立)

'창립(創立)'과 '설립(設立)'은 '립(立)'이란 공통 한자어를 가지고 있는 유의어군이다. 실제 사용빈도를 조회해 보면, '창립(創立)'은 400번이고 '설립(設立)'은 1650번으로 나타나고 있다. '창립(創立)'보다 '설립(設立)'을 실제 생활에서 거의 4배 더 많이 사용하고 있음을 알 수 있다.

ㄱ) 환경문제를 본격적으로 거론하기 시작한 것은 1968년에 창립된/*설립된 '로마클럽'이다.

ㄴ) 학교 창립/*설립 30주년 기념식.

ㄷ) 많은 기업들이 저렴한 인건비 때문에 해외 공장 설립/*창립을 추진하고 있다.

ㄹ) 김 회장은 장학 재단의 설립/*창립을 통해 사회 공헌을 실천하겠다고 발표했다.

『표준국어대사전』에 따르면, '창립(創立)'은 '기관이나 단체 따위를 새로 만들어 세움.'의 의미로 '새로 만듦'의 의미를 강조하며, '설립(設立)'은 '기관이나 조직체 따위를 만들어 일으킴.'의 의미로 '만든다'의 의미를 더 중요시한다. '창립(創立)'은 왕왕 '무(無)'에서 '유(有)'의 개념이 강하여 '~주년'과 결합하여 사용하는 경우가 많으며, '설립(設立)'의 의미에서 '만들다'란 동작 자체를 강조하기 때문에, '새로 만든 것'이 아니더라도 사용이 가능하다. 이는 예문 ㄱ-ㄴ)에서 '창립(創立)'의 사용 범위를 확인할 수가 있으며, ㄷ-ㄹ)에서 '설립(設立)'의 '해외 공장, 장학 재단'을 '만들었다'는 의미가 있음을 알 수 있다. 그리고 두 유의어가 대응하는 중국어는 각각 '創立'와 '設立'로 볼 수가 있고, '創立(창립)'은 '首先建立;开始建立(먼저 건립, 건립 시작)', '設立(설립)'은 '设置, 建立(설치, 건립)' 등과 같이 쓰인다.

<표21> '창립(創立)-설립(設立)'의 의미 변별 정보

변별 정보		창립	설립
사용빈도		400	1650
의미적 차이	공통의미	기관이나 단체 만듦	
	변별 의미	새로 만들어 세움	만들어 일으킴
통사적 차이	공통 결합	-하다, ~되다	
	변별 결합	창립되다, 창립으로, 창립기념식 창립+~주년	설립하다, 설립되다
원 언어 대응차이		首先建立;开始建立 먼저 건립; 건립 시작	设置, 建立 설치, 건립

⑧ 상관(相關)-관련(關聯)

먼저 사용 빈도수를 확인한 결과, '관련(關聯)'이란 단어는 '상관(相關)'보다 거의 10배 더 많이 사용되고 빈도수는 9451번으로 높게 나타나고 있다. 『표준국어대사전』에서의 뜻풀이를 보면, 두 단어가 '서로 관계를 가짐'의 의미에 있어서 유사성을 가지고 있다. 하지만, '관련(關聯)'은 '둘 이상의 사람, 사물, 현상 따위가 서로 관계를 맺어 매여 있음, 또는 그런 관계'의 의미만 가지고 있지만, '상관(相關)'은 '서로 관련을 가짐, 또는 그런 관계'란 의미 외에, '남의 일에 간섭함'이란 의미도 가지고 있다.

ㄱ. 솔직히 지금 네가 여기서 죽어도 내가 아무 상관이*/관련이 없다.

ㄴ. 그건 당신이 상관할/*관계할 바가 아니야.

ㄷ. 난 더 이상 상관할/*관계할 필요가 없어.

ㄹ. 이에 대해 어디에서도 믿을 만한 조언과 관련/*상관 자료를 제공하지 못하고 있다.

ㅁ. 그 세 가지는 서로 밀접한 관련을/*상관을 지니고 있다.

　예문ㄱ-ㄷ)은 '상관(相關)'을 사용해야 맞는 표현이고, 예문ㄹ-ㅁ)은 '관련(關聯)'을 사용해야 하는 것이다. 구체적으로 분석해 보면, ㄱ)은 여기서 죽어도 내가 간섭하지 않을 것이란 뜻이며, ㄴ-ㄷ) 역시 마찬가지로 '남의 일에 간섭함'의 의미를 내포되고 있다. 즉, 관계를 가지는 의미보다 '간섭함'의 의미가 더 강하며, '관련(關聯)'으로 사용하면 비문이 된다. 그리고 ㄹ-ㅁ)을 살펴보면, '이'와 서로 관계가 있는 자료, '세 가지가 서로 맺어 있는 관계'를 나타나는 표현이기 때문에, '상관(相關)'보다 '관련(關聯)'을 쓰는 게 더 정확하다. 그리고 두 유의어가 대응하는 중국어는 각각 '相關'와 '關聯'로 볼 수가 있고, '相關(상관)'은 '彼此关连;互相牵涉,即事物或信号之间的共享关系或因果关系.(상호 연관성은 사물이나 신호 간의 공유 관계 또는 인과 관계를 의미한다.)', '關聯(관련)'은 '互相贯连, 起连接作用的;相互有联系的(상호 연결, 연결 역할을 하는, 서로 관계가 있는)' 등과 같이 쓰인다.

<표22> '상관(相關)-관련(關聯)'의 의미 변별 정보

변별 정보		상관	관련
사용빈도		973	9451
의미적 차이	공통의미	서로 관계를 가짐	
	변별 의미	남의 일에 간섭함	둘 이상의 사람, 사물, 현상 따위가 서로 관계를 맺어 매여 있음
통사적 차이	공통 결합	~하다, ~되다, ~이/가 있다	
	변별 결합	상관적, 상관이 있다, 상관이 없다	관련을 지니다.
원 언어 대응차이		彼此关连;互相牵涉.即事物或信号之间的共享关系或因果关系. 상호 연관성은 사물이나 신호 간의 공유 관계 또는 인과 관계를 의미한다.	互相贯连 起连接作用的;相互有联系的 상호 연결 연결 역할을 하는, 서로 관계가 있는

⑨ 창건(創建)-설립(設立)

'창건(創建)'과 '설립(設立)'의 사용빈도를 조회해 보면, '창립(創立)'은 137번이고 '설립(設立)'은 1650번으로 나타나고 있다. 즉, '창건(創建)'보다 '설립(設立)'을 실생활에서 10배 더 많이 사용하고 있다.

ㄱ) 환경문제를 본격적으로 거론하기 시작한 것은 1968년에 창립된/*설립된 '로마클럽'이다.

ㄴ) 학교 창립/*설립 30주년 기념식.

ㄷ) 많은 기업들이 저렴한 인건비 때문에 해외 공장 설립/*창립을 추진하고 있다.

ㄹ) 김 회장은 장학 재단의 설립/*창립을 통해 사회 공헌을 실천하겠다고 발표했다.

『표준국어대사전』에 따르면, '창건(創建)'은 '건물이나 조직체 따위를 처음으로 세우거나 만듦'의 의미이고, '설립(設立)'은 '기관이나 조직체 따위를 만들어 일으킴.'의 의미다. 비교해 보면, 두 단어는 모두 조직체 따위를 만들었다는 의미에서 유사관계를 찾을 수 있지만, '창건(創建)'은 '처음으로'의 개념으로 '무'에서 '유'를 더 강조한다. 그리고 가리키는 대상으로 분석해 보면, 조직체 외에, '창건(創建)'은 '건물'까지 포함돼 있고, '설립(設立)'은 '기관'이란 의미를 내포되고 있다.

ㄱ) 원래 이 곳에 있었던 개태사는 고려 태조가 후백제를 토벌한 것을 기념하기 위하여 창건/*설립하였던 큰 사찰이다.
ㄴ) 특히 용연 폭포가 장관이며, 신라 때 창건한/*설립한 패엽사가 남아 있다.
ㄷ) 최근에는 안철수연구소와 무선인터넷 보안회사를 설립/*창건하기도 했다.
ㄹ) 미국의 실리콘밸리와 같은 첨단 정보과학기지인 멀티미디어 단지가 97년 국내에 설립된다/*창건된다.

예문 ㄱ-ㄴ)에서 나타난 듯이, ㄱ)은 '사찰', ㄴ)은 '패엽사' 모두 '건물'이고, 건물 처음으로 세우다는 의미로 '설립(設立)'을 사용하면 비문이 될 것이고, '창건(創建)'을 사용해야 한다. 그리고 예문 ㄷ-ㄹ)을 분석해 보면, 연구소와 보안회사, 멀티미디어 단지는 모두 기관이기 때문에, 여기서 '창건(創建)'보다 '설립(設立)'을 사용하는 게 더 타당하다. 그리고 두 유의어가 대응하는 중국어는 각각 '創建'와 '設立'로 볼 수가 있고, '創建(창건)'은 '创立并建造一个新生的事物, 这个事物, 这一类型以前是不存在的.(새로운 사물을 창조하고 건설하는 것, 이 사물은 이전에는 존재하지 않았던 유형이다.)', '設立(설립)'은 '成立;建立(성립; 건립)' 등과 같이 쓰인다.

<표23> '창건(創建)-설립(設立)'의 의미 변별 정보

변별 정보		창건	설립
사용빈도		137	1650
의미적 차이	공통의미	조직체 따위를 만듦	
	변별 의미	건물 따위 만듦, 처음으로	기관 따위 만듦
통사적 차이	공통 결합	~하다, ~되다	
	변별 결합	설립에~	
원 언어 대응차이		创立并建造一个新生的事物, 这个事物, 这一类型以前是不存在的. 새로운 사물을 창조하고 건설하는 것, 이 사물은 이전에는 존재하지 않았던 유형이다.	成立;建立 성립; 건립

⑩ 손실(損失)-손해(損害)

먼저 '손실(損失)'과 '손해(損害)'의 사용빈도를 확인한 결과, '손실(損失)'은 558번이고 '손해(損害)'는 869번으로, '손해(損害)'가 더 많이 사용하는 것으로 나타나고 있다. 『표준국어대사전』에 따르면, '손실(損失)'은 '잃어버리거나 축나서 손해를 봄. 또는 그 손해'의 의미이고, '손해(損害)'는 '물질적으로나 정신적으로 밑짐; 해를 입음' 등 두 가지 의미를 가지고 있다. 즉, 비교해 보면, 두 단어는 모두 '해를 입다'의 의미에서 유사관계를 찾을 수 있지만, 해를 입는 이유나 방법에 있어서 차이가 있음을 찾아볼 수가 있다.

ㄱ) 세상이 어떻게 되더라도 외국어를 배워 두면 손해는/*손실이 아니다.

ㄴ) 우리 나라의 현실에서는 사랑의 비극이 생기면 여자가 손해를/*손실을 보게 마련이다.

ㄷ) 새롬기술은 유상증자까지 병행, 480만주의 신주를 주당 7~8만원대에 매각했기 때문에 증자에 따른 주주들의 손실이/*손해가 더욱 큰 것으로 나타났다.

ㄹ) 또 일부 국가들은 금융위기로 엄청난 경제적 손실을/*손해를 보았지만 일

부 자본가들은 두둑한 소득을 챙기기도 한다.

　'손실(損失)'과 '손해(損害)'는 같은 '덜'-'손(損)'자를 가지고 있는 유의어군
이다. 두 단어가 모두 해를 입다는 의미가 있지만, 하나는 잃어버린 '(失)'
자와 결합하고 하나는 해롭다는 '(害)'자와 결합하는 것이다. 즉, 손실은 주
로 무엇이 없어졌다는 의미를 강조하는 반면에, 손해는 그것으로 인해 생
긴 불리한 결과를 나타나고 있다. 예문 ㄱ-ㄴ)에서 나타나듯이, 예문 ㄱ)의
경우, 외국어를 배워두면 나중에 유리할 것이고 불리하지 않을 것이라는
뜻으로, 예문 ㄴ)은 여자가 불리한 상황에 처할 것으로 나타나고 있어서 '손
해(損害)'를 사용하는 것이 맞는 것이다. 그리고 예문 ㄷ-ㄹ)의 경우는 주로
경제적 이익을 잃어버리는 의미로 '손해(損害)'보다 '손실(損失)'을 사용하는
것이 더 타당하다. 두 유의어가 대응하는 중국어는 각각 '損失(손실)'과 '損
害(손해)'이 있는데, '損失(손실)'은 '指失去东西, 不会有补偿.也指损毁丧失,
毁坏(물건을 잃어버려도 보상이 없다. 훼손, 상실, 망가뜨리다)', '損害(손해)'는 '指人身
权品质的贬低, 或者说是指一定行为或事件使某人的人身遭受到不利' 不良
后果或不良状态'(인권의 품위 저하, 혹은 일정한 행위나 사건으로 인하여 어떤 사람의 신
변에 불이익, 좋지 않은 결과 또는 좋지 않은 상태가 발생하다) 등과 같이 쓰인다.

<표24> '손실(損失)-손해(損害)'의 의미 변별 정보

변별 정보		손실	손해
사용빈도		137	1650
의미적 차이	공통의미	해를 입다	
	변별 의미	잃어버리거나 축나서 손해를 봄. 또는 그 손해	물질적으로나 정신적으로 밑짐
통사적 차이	공통 결합	~하다, ~되다, ~보다	
	변별 결합	손실하다, 손실되다 손실을 주다, 경제적 손실 손실로, 손실에, 손실분담금	손해 가다, 손해를 끼치다 손해를 입다

원 언어 대응차이	指失去东西, 不会有补偿.也指损毁丧失, 毁坏(물건이 잃어보려도 보상이 없다. 훼손, 상실, 망가뜨리다.)	指人身权品质的贬低, 或者说是指一定行为或事件使某人的人身遭受到不利、不良后果或不良状态(인권의 품위 저하, 혹은 일정한 행위나 사건으로 인하여 어떤 사람의 신변에 불이익, 좋지 않은 결과 또는 좋지 않은 상태가 발생하다.)

⑪ 예견(豫見)-예측(豫測)

'예견(豫見)'과 '예측(豫測)'은 '예(豫)'란 공통 한자를 가지고 있어서 '미리'의 뜻을 공통적으로 가지고 있다. 두 단어의 사용빈도를 보면 '예견(豫見)'은 307번으로 나타나고 있으며, '예측(豫測)'은 1033번으로 3배나 높게 나타나고 있다. 즉, 일상생활에서는 '예견(豫見)'보다 '예측(豫測)'을 더 많이 사용한다는 의미다. 『표준국어대사전』에 따르면, '예견(豫見)'은 '앞으로 일어날 일을 미리 짐작함.'의 의미고, '예측(豫測)'은 '미리 헤아려 짐작함.'의 뜻으로 나타나고 있다. 두 단어는 '미리 짐작함'이란 의미에서 유사관계를 가지고 있다.

ㄱ) 날 만해서 난 사고요. 예견할/*예측할 수 있었던 사고이다.

ㄴ) 지진과 홍수를 정확하게 예견/*예측, 사람들을 안전한 곳으로 대피시키기도 했다.

ㄷ) 김사장의 예견/*예측 대로 부토는 실각했고 간디 여사의 실정으로 인도는 휘청거렸으며 목하 아카노 여사도 고전을 면치 못하는 중이 아닌가.

ㄹ) 문민정권 시절, 수질 정화비용으로 수천억 원을 추가 조성했지만, 시민단체와 생태 전문가들이 예견했/*예측했 듯이 아무 소용없었다.

ㅁ) 이와 달리 산모의 몸이나 태아가 자리잡은 모양을 보고, 태아가 아들인지 딸인지를 예측하는/*예견하는 방법도 있었다.

ㅂ) 하지만 남편은 아래층에 누워 한번도 만난 적 없는 부부의 싸움까지 예측

하고/*예견하고 있었다.

　'예견(豫見)'과 '예측(豫測)'을 살펴보면, 두 단어의 한자의 차이점은 견(見)과 측(測)에 있으며, 견은 볼 견(見)이고 측은 잴의 측(測)이다. 예문 ㄱ-ㄹ)에서 나타난 듯이, 해당 문장에서 나타난 미리 짐작한 것들이 이미 현실에서 일어났고 보인기 때문에 '예측(豫測)'보다 '예견(豫見)'을 사용하는 것이 더 맞는 것이다. 한편으로는 예문 ㅁ-ㅂ)도 미리 짐작하는 것이지만 아직 보이지 않는 그저 추측이기 때문에, '예측(豫測)'을 사용하는 것이 더 정확하다. 두 유의어가 대응하는 중국어는 각각 '豫見(예견)'과 '(豫測예측)'로 볼 수가 있고, '豫見(예견)'은 '根据普遍的科学规律预先料到事物可能的变化过程及大致结果;能预先料到的见识.(보편적인 과학법칙에 따라 사물의 가능한 변화 과정 및 대략적인 결과를 예상하다; 예상할 수 있는 식견)', '豫測(예측)'은 '意思是预先測定或推測(사전 측정 또는 추측)' 등으로 사용된다.

<표25> '예견(豫見)-예측(豫測)'의 의미 변별 정보

변별 정보		예견	예측
사용빈도		307	1033
의미적 차이	공통의미	미리 짐작함	
	변별 의미	짐작한 것을 보인다	짐작한 것은 추측이다
통사적 차이	공통 결합	~하다, ~되다	
	변별 결합	예견대로	~에 대한 예측, 예측치 예측이 맞다, 예측이 어긋나다
원 언어 대응차이		1.根据普遍的科学规律预先料到事物可能的变化过程及大致结果; 2.能预先料到的见识. (보편적인 과학법칙에 따라 사물의 가능한 변화과정 및 대략적인 결과를 예상하다;예상할 수 있는 식견)	意思是预先測定或推測 (사전 측정 또는 추측)

⑫운명(運命)-팔자(八字)

'운명(運命)'과 '팔자(八字)'의 사용빈도를 보면 '운명(運命)'은 1905번으로 나타나고 있으며, '팔자(八字)'는 357번으로 나타나고 있다. 즉, 일상생활에서는 '팔자(八字)'보다 '운명(運命)'을 거의 6배나 많이 사용하고 있다. 『표준국어대사전』에 따르면, '운명(運命)'은 '인간을 포함한 모든 것을 지배하는 초인간적인 힘. 또는 그것에 의하여 이미 정하여져 있는 목숨이나 처지; 앞으로의 생사나 존망에 관한 처지.'의 의미고, '팔자(八字)'는 '사람의 한평생의 운수.'의 뜻으로 나타나고 있다. 두 단어는 '한 사람의 운수, 처지'란 의미에서 유사관계를 가지고 있다.

ㄱ) 혹은 어떤 역사적 운명/*팔자 때문에 그렇게 된 것으로 생각한다.

ㄴ) 나는 노력만 할 뿐이고 일의 결과는 운명에/*팔자에 맡기기로 했다.

ㄷ) 제주지방 말띠 여자는 팔자가/*운명이 세다.

ㄹ) 사주 팔자/*운명 믿는 여자.

예문ㄱ-ㄹ)의 예문들을 살펴보면, 들을 분석해 보면, 예문ㄱ)은 역사적인 운수와 관련이 있고 태어나고 정해진 것이 아니기 때문에, '팔자(八字)'보다 '운명(運命)'이란 표현이 더 맞는 것이다. 그리고 예문ㄴ)도 자신이 이미 노력을 했고 결과는 태어난 '팔자'가 아닌 '초인간'의 힘인 '운수'에 맡긴다는 의미다. 그 힘 때문에 생기는 여러 가지 일, 상태, 즉, 결과가 좋을 수도 있고 나쁠 수도 있다. 또한, '팔자(八字)'와 '운명(運命)'은 주로 결합관계에 있어서 차이가 보인다. 한편으로는, 예문ㄴ-ㄹ)을 분석해 보면, 결합관계에 있어서 차이를 확인할 수가 있다. 예를 들어서 '팔자가 세다', '사주 팔자' 등이다.

그 외에, 관용구과 속담에서는 '운명(運命)'보다 '팔자(八字)'를 더 많이 사용한다. 예를 들어서 관용구에는 '팔자가 늘어지다; 팔자를 고치다; 팔자에 없다' 등이 있고, 속담에는 '팔자가 사나우니까 의붓아들이 삼 년 맏이라; 팔자가 사나우면 시아비가 삼 간 마루로 하나; 팔자가 좋으면 동이 장수 만 며느리가 됐으랴; 팔자는 길들이기로 간다; 팔자는 독에 들어가서도 못 피한다; 팔자 도망은 못 한다' 등이 있다. 두 유의어가 대응하는 중국어는 각각 '運命(운명)'과 '八字(팔자)'로 볼 수가 있는데, '運命(운명)'은 '即宿命和运气.一是命, 指先天所赋的本性;二曰运, 指人生各阶段的穷通变化.(숙명 및 운 하나는 운명, 즉 선천적으로 타고난 본성을 가리키고, 다른 하나는 운, 인생의 각 단계의 궁통 변화를 가리킨다)', '八字(팔자)'은 '用天干和地支表示一个人出生的年,月,日,时的八个字, 算命者认为从生辰八个字可推算一个人的命运;旧时还用于婚配中的算命.(한 사람이 태어난 년, 월, 일, 시의 여덟 글자를 천간과 지지로 나타내며, 점쟁이는 여 덟 글자로 한 사람의 운명을 점칠 수 있다고 생각한다. 옛날에는 혼배 중의 점술에도 사용했다.)' 등과 같이 쓰인다.

<표26> '운명(運命)-팔자(八字)'의 의미 변별 정보

변별 정보		운명	팔자
사용빈도		1905	357
의미적 차이	공통의미	한 사람의 운수, 처지	
	변별 의미	초인간의 힘, 외부 힘으로 일이나 상태가 지배됨	태어나고 정해져 있는 것
통사적 차이		운명적, 운명에, 운명에 맡기다, 운명을 개척하다 운명을 거스르다, 운명을 탓하다	팔자가 세다, 사주 팔자 팔자를 고치다
원 언어 대응차이		即宿命和运气 一是命, 指先天所赋的本性;二曰运, 指人生各阶段的穷通变化. (숙명 및 운 하나는 운명, 즉 선천적으로 타고난 본성을 가리키고, 다른 하나는 운, 인생의 각 단계의 궁통 변화를 가리킨다)	用天干和地支表示一个人出生的年,月,日,时的八个字, 算命者认为从生辰八个字可推算一个人的命运;旧时还用于婚配中的算命. (한 사람이 태어난 년, 월, 일, 시의 여덟 글자를 천간과 지지로 나타내며, 점쟁이는 여덟 글자로 한 사람의 운명을 점칠 수 있다고 생각한다. 옛날에는 혼배 중의 점술에도 사용했다.)

⑬문자(文字)-언어(言語)

'문자(文字)'와 '언어(言語)'는 '인간의 생각, 느낌 따위를 나타내거나 전달하는 데에 쓰는 음성, 시각적인 체계'의 의미에서 유사관계를 가지고 있다. 두 단어의 사용빈도수를 조회해 보면, '문자(文字)'의 사용빈도는 963번이고 '언어(言語)'의 사용빈도는 5190번이다. 일상생활에서는 '문자(文字)'보다 '언어(言語)'가 5배나 많이 사용되고 있다. 『표준국어대사전』에 따르면, '문자(文字)'는 공통의미 외에도 '조금도 과장 없이 사실 그대로; 예전부터 전하여 내려오는, 한자로 된 숙어나 성구(成句) 또는 문장; 학식이나 학문을 비유적으로 이르는 말' 등 3가지 변별 의미가 있다.

ㄱ) 한 나라의 문화를 이해하려면 우선 그 나라의 <u>언어를/*문자를</u> 배워야 해요.

ㄴ) 컴퓨터 언어/*문자를 배우면 컴퓨터를 쉽게 다룰 수가 있다.

ㄷ) 문자*언어 그대로 이 지구의 문화는 각양 각색이다.

ㄹ) 마이클 씨는 휴대전화로 <u>문자/*언어</u> 메시지를 보낼 줄 아세요?

예문ㄱ-ㄹ)에서 각각 '문자(文字)'와 '언어(言語)'를 사용하는 문장들이다. 예문ㄴ)에서 '어떤 개념을 나타내도록 조직된 기호의 체계의 의미'로써, '문자(文字)'보다 '언어(言語)'를 사용하는 것이 마땅하고, 예문ㄷ)은 '조금도 과장 없이 사실 그대로, 쓰인 문자의 기본적인 뜻 그대로의 의미'를 나타나기 때문에, '언어(言語)'를 쓰면 비문이 된다. 그리고 예문ㄹ)의 경우, '휴대전화 등을 이용하여 다른 사람에게 하고 싶은 말을 글로 전하는 것'이란 고정적인 표현이라서 '문자 메시지'로 써야 정확한 표현이다. 두 유의어가 대응하는 중국어는 각각 '文字(문자)'와 '言語(언어)'로 볼 수가 있는데, '文字(문자)'는 '记录语言的符号;语言的书面形式;文章(언어를 기록하는 기호; 언어의 서면

표현: 문장)'의 의미고, '言語(언어)'는 '由语音,语汇和语法所组成, 与思想有密切关系, 是表达情意,传递思想的重要工具.(음운, 어휘 및 문법으로 구성되어, 생각과 밀접한 관계가 있으며, 감정을 표현하고, 생각을 전달하는 중요한 도구다.)' 등과 같이 쓰인다.

<표27> '문자(文字)-언어(言語)'의 의미 변별 정보

변별 정보		문자	언어
사용빈도		963	5190
의미적 차이	공통의미	인간의 생각, 느낌 따위를 나타내거나 전달하는 데에 쓰는 음성, 시각적인 체계	
	변별 의미	①조금도 과장 없이 사실 그대로. ②예전부터 전하여 내려오는, 한자로 된 숙어나 성구(成句) 또는 문장. ③학식이나 학문을 비유적으로 이르는 말.	음성이나 문자 따위의 사회 관습적인 체계.
통사적 차이	공통 결합	~쓰다, ~로,~를	
	변별 결합	문자 그대로, 문자 메시지	언어에, 언어에서
원 언어 대응차이		记录语言的符号；语言的书面形式；文章 (언어를 기록하는 기호; 언어의 서면 표현; 문장)	由语音,语汇和语法所组成, 与思想有密切关系, 是表达情意,传递思想的重要工具. (음운, 어휘 및 문법으로 구성되어, 생각과 밀접한 관계가 있으며, 감정을 표현하고, 생각을 전달하는 중요한 도구다)

(2) 동사류 한자어-한자어 유의어군

22쌍 한자어-한자어 유의어군에서 동사가 8쌍이 있으며, 구체적으로 정리해 보면 아래 〈표 28〉과 같다. 이절에서는 앞에 〈표13〉에서 정해진 변별의 틀에 따라서 동사류 한자어 유의어쌍의 의미 변별을 살펴보도록 하겠다.

<표28> 동사류 한자어-한자어 유의어군

어휘	빈도수	유의어	빈도수	품사별
통일하다	5166	통합하다	2058	동사
비준하다	134	승인하다	744	동사
축원하다	57	기원하다	1018	동사
참가하다	1785	참석하다	1702	동사
접대하다	142	대접하다	873	동사
통보하다	556	보고하다	1798	동사
반포하다	54	공포하다	1600	동사
확보하다	2524	보장하다	2481	동사

① 통일하다(統一)-통합하다(統合)

'통일하다(統一)'와 '통합하다(統合)'는 같은 '통(統)'자를 쓰면, '일(一)'과 '합(合)'에서 차이가 난다. '일(一)'은 하나로 된다는 의미가 있으며, '합(合)'은 합치다는 의미 외에 종합의 의미도 내포되고 있다. '둘 이상의 조직 등 따위를 하나로 합치다'의 의미에서 유사관계를 가지고 있다. 예를 들어서 '삼국을 통일하다', '회장은 여러 계열사를 본사에 통합하고 싶어 했다' 등은 나눠져 있는 삼국을 하나로, 여러 계열사를 본사에 하나로의 뜻으로 나타나고 있다. 두 단어의 사용빈도수를 조회해 보면, '통일하다(統一)'의 사용빈도는 5166번이고 '통합하다(統合)'의 사용빈도 2058번보다 두 배 높게 나타나고 있다.

ㄱ) 내일 무대에 설 때는 복장을 위아래 모두 흰색으로 통일해야/*통합해야 합니다.

ㄴ) 김일성 북한 주석은 지난 1일 발표한 신년사에서 '조국 통일/*통합 방도를 확정하는 것'이 중요한 문제라고 주장하면서 이러한 문제를 논의하기 위해 남북한 당국과 정당 단체 대표들이 참여하는 '민족 통일/*통합 정치 협

상 회의'를 제의했다.

ㄷ) 그러한 지식들을 통합해서/*통일해서 신체를 바라보는 안목이 자라날 수 있는 여지는 그만큼 줄어들 수밖에 없다.

ㄹ) 미국의 초등학교에서는 여러 과목을 통합하여/*통일하여 수업함으로써 종합 능력과 창의력을 키우는 시도를 많이 한다고 한다.

예문ㄱ)에서 사용하는 '통일하다(統一)'는 복장을 흰색으로 일치하게 맞춰야 한다는 의미고, 나눠져 있는 조직을 하나로 만든 뜻이 아니다. 예문ㄴ)을 살펴보면, 동사와 결합하는 명사는 '조국, 민족' 등이 있고, 이는 단순히 하나로 만드는 것이 아니라 분쟁이 있는 부분을 일치시켜야 하나가 될 수 있는 상황이기 때문에, '통합하다(統合)'가 아닌 '통일하다(統一)'를 사용해야 한다. 그리고 예문 ㄷ-ㄹ)의 경우를 살펴보면, 지식들을, 여러 과목들을 하나로 만드는 것이 아니라, 지식들과 과목들을 종합하다는 것을 더 강조하는 것이므로 '통합하다(統一)'를 사용해야 맞는 표현이다. 두 유의어가 대응하는 중국어는 각각 '統一(통일)'과 '統合(통합)'으로 볼 수가 있는데, '統一(통일)'은 '部分联成整体, 分歧归于一致；一致的, 整体的, 单一的(일부가 하나, 이견을 일치시키다. 일치된, 통일된, 단일한'의 의미고, '統合(통합)'은 '統一, 综合(통일적, 종합적이다)' 등으로 쓰인다.

<표29> '통일하다(統一)-통합하다(統合)'의 의미 변별 정보

변별 정보		통일하다	통합하다
사용빈도		5166	2058
의미적 차이	공통의미	둘 이상의 조직 등 따위를 하나로 합치다	
	변별 의미	여러 요소를 서로 같거나 일치되게 맞추다. 분쟁점이 있다.	종합하여 합치다
통사적 차이	공통 결합	~를, ~를...으로	
	변별 결합	통일을 이룩하다, 통일을 추구하다	~를...에

원 언어 대응차이	部分联成整体, 分歧趋于一致；一致的, 整体的, 单一的 (일부가 하나, 이견이 일치시킨다. 일치된, 통일된, 단일한)	统一, 综合 (통일적, 종합적)

② 비준하다(批准)–승인하다(承認)

'비준하다(批准)'와 '승인하다(承認)'의 사용빈도수를 확인한 결과, 각각 134번과 744번으로 나타나고 있다. 이는 일상생활에서 두 단어의 사용빈도가 비교적으로 낮은 것으로 볼 수가 있으며, 두 단어는 주로 공식적인 자리나 법률과 관련된 언어 환경에서 많이 사용된다.『표준국어대사전』에서 두 단어의 뜻풀이를 분석해 보면, '법률에서 국가나 정부의 인정, 확인 및 동의'의 의미에서 유사관계를 가지고 있다.

ㄱ) 공장을 설립하기 위해서는 '공장설립 승인/*비준'과 '건축허가'의 두 단계인, 허가 절차를 밟는다.

ㄴ) 부모님의 승인/*비준 없이는 여행을 갈 수 없다.

ㄷ) 그러나 진화의 사실을 인정함은 진화론 전부를 승인하는/*비준하는 것은 아니다.

ㄹ) 1979년 유엔총회가 채택한 여성차별철폐협약을 우리 정부는 지난 84년 비준했다/*승인했다.

예문 ㄴ)의 경우 '동의, 확인'의 의미도 있지만, 국가나 정부에서 동의, 확인이 아니고, 부모님이 그 여행이 마땅하다고 받아들여 갈 수가 있다는 의미를 나타나고 있다. 그래서 이런 의미를 고려할 때, '비준하다(批准)'와 '승인하다(承認)'가 의미차이가 보인다. 예문ㄴ)은 대통령이 국회의 확인, 동의가 아니라, 다른 기관이나 개인의 특정한 행위에 대하여 행하는 동

의의 의미로 '승인하다(承認)'를 사용했고, 예문ㄹ)은 정부에서 동의를 해야
하는 행위이기 때문에 '비준하다(批准)'를 사용하는 것이 타당하다.

<표30> '비준하다(批准)-승인하다(承認)'의 의미 변별 정보

변별 정보		비준하다	승인하다
사용빈도		134	744
의미적 차이	공통의미	『법률』에서 국가나 정부의 인정, 확인 및 동의	
	변별 의미	조약을 헌법상의 조약 체결권자가 최종적으로 확인, 동의. 보통 대통령이 국회의 동의를 얻어 행한다.	①국가나 지방 자치 단체의 기관이 다른 기관이나 개인의 특정한 행위에 대하여 행하는 동의 ②어떤 사실을 마땅하다고 받아들임.
통사적 차이		조약을 비준하다, 협약을 비준하다	사실을 승인하다, 납부를 승인하다 전쟁을 승인하다, 자격을 승인하다 가치를 승인하다

③ 축원하다(祝願)-기원하다(祈願)

한자어 유의어쌍인 '축원하다(祝願)'와 '기원하다(祈願)'은 바랄 '원(願)'이
란 공통 한자를 가지고 있다. 두 단어의 사용빈도를 보면, '축원하다(祝願)'
는 비록 57번 밖에 안 되지만, '기원하다(祈願)'는 1018번으로 높게 나타나
고 있다. 『표준국어대사전』에서 두 단어의 뜻풀이에 따르면, 두 단어가 '일
을 이루어지기를 희망'이란 의미에서 유사관계를 가지고 있다.

ㄱ) 온 동네 사람들이 모여 풍년을 기원하는/*축원하는 마을 잔치를 벌였다.
ㄴ) 새해에도 더욱더 건강하시기를 기원합니다/*축원합니다.
ㄷ) 국민들은 우리 선수단이 좋은 성적을 내기를 기원했다/*축원했다.
ㄹ) 부처님께 아들의 건강을 축원했다/*기원했다.
ㅁ) 하느님께 부모님의 마음이 평안하실 수 있기를 축원했다/*기원했다.

예문ㄱ-ㄷ)과 예문 ㄹ-ㅁ)비교해 보면, 5예문들은 모두 일을 이루어지기를 희망하는 의미를 내포되고 있지만, 예문ㄱ-ㄷ)의 경우 사람들이 마음속에 바라는 일이 되기를 비는 것이고, 예문ㄹ-ㅁ)은 자기의 바람은 부처님, 하느님과 같은 신적 존재에게 아뢰고 그것이 이루어지기를 빌고 있다는 의미를 나타나고 있다. 비는 대상에 따라 두 단어의 사용에 있어서 차이가 보인다. 그리고 두 단어가 대응된 중국어도 같은 '祝願'와 '祈願'인 것을 확인할 수가 있다. 중국어에서 '祝願'는 '本谓向神祷告,以求实现自己的愿望,后指表示良好的愿望'(자신의 소망을 이루기 위해 신에게 기도하는 것이고, 나중에는 좋은 소망을 나타낸다.)의 의미로 '신에게 기도를 통해 자기의 소원을 이뤄달라는 의미'고, '祈願'는 '祈祷(기도)'의 뜻이 있으면서도 '请求, 希望(기도:청탁, 희망)'이란 의미로 더 많이 사용되고 있다.

<표31> '축원하다(祝願)-기원하다(祈願)'의 의미 변별 정보

변별 정보		축원하다	기원하다
사용빈도		57	1018
의미적 차이	공통의미	일을 이루어지기를 희망	
	변별 의미	신적 존재에게 자기의 뜻을 아뢰고 그것이 이루어지기를 빌다.	바라는 일이 이루어지기를 빌다.
통사적 차이	공통 결합	...을, -기를	
	변별 결합	...에/에게-기를, ...에/에게-을	장수를 기원하다, 풍요를 기원하다 복을 기원하다.
화용적 차이		종교 일반	
원 언어 대응 차이		本谓向神祷告,以求实现自己的愿望,后指表示良好的愿望. (자신의 소망을 이루기 위해 신에게 기도하는 것이고, 나중에는 좋은 소망을 나타낸다.)	祈祷; 请求, 希望 (기도; 청탁; 희망)

④ 참가하다(參加)-참석하다(參席)

'참가하다(參加)'와 '참석하다(參席)'의 사용빈도를 조회해 보면, '참가하다

(參加)'는 1785번이고, '참석하다(參席)'는 1707번으로 거의 비슷하게 나타나고 있으며 일상생활에서 많이 사용되는 단어들이다. 한자로 볼 때, 두 단어가 같은 참여할 '참(參)'을 가지고 있으며, '가(加)'와 '석(席)'자에서 변별 차이가 나는 것이다. 『표준국어대사전』에서 두 단어의 뜻풀이에 따르면, 두 단어가 '어떤 자리나 모임 등에 함께하다'란 의미에서 유사관계를 가지고 있다.

ㄱ) 참석자들이 얼마나 충실히 회의에 참가하느냐/*참석하느냐에 딸라 달라진다.

ㄱ) 이로 인해 지난해 코엑스가 주최한 전시회에 참가한/*참석한 외국 바이어는 평균 100명에 불과했다.

ㄴ) 시드니 올림픽에 참가하는/*참석하는 국가대표 축구팀의 점수를 맞히는 고객에게 해외여행권을 선사하는 올림픽 축구마케팅에 들어갔다.

ㄷ) 이 시스템이 가동되면 대학 당국은 재학 중인 외국인 학생들이 수업에 참가하고/*참석하고 있는지, 주소지에 거주하고 있는지, 여권은 유효한지 등을 확인할 수 있게 된다.

ㄹ) 많은 하객들이 여동생의 결혼식에 참석했다/*참가했다.

ㅁ) 여성 단체 대표 등 3백여명이 참석한/*참가한 창립 대회에서는 '쌀수입개방 반대 결의문'도 채택했다.

예문ㄱ-ㄷ)에서 사용되는 '참가하다(參加)'를 분석해 보면, ㄱ)의 회의 참석자, ㄴ)의 외국 바이어, ㄴ)의 국가대표 축구팀, ㅁ)의 외국인 학생들이 모두 해당 일에 관계하다는 의미를 나타나고 있다. 즉, '참가하다(參加)'는 단순한 출석 이상으로 그 일에 관계하는 것을 의미한다. 한편으로, 예문ㄹ)에서의 하객들과 예문ㅁ)의 여성 단체 대표들은 단순히 결혼식과 창립 대회에 출석하는 것이고, '참석하다(參席)'는 어떤 자리나 모임에 단순히 출석하는 것을 뜻한다. 즉, 하객들이나 여성 단체 대표들은 결혼식과 대회의 기획과 진행에 관여할 수 없으므로 '참가하다(參加)'를 쓰면 비문이 될 것이고 '일에 관계하다'란 의미를 가진 '참석하다(參席)'를 사용해야 한다.

그리고 '참가하다(參加)'와 '참석하다(參席)'가 대응되는 중국어는 각각 '參加', '出席'이며, '참가하다(參加)'보다 '참석하다(參席)'는 참여하는 사람이 발언권이나 결정권을 가지고 있는 것을 강조하고 있다.

<표32> '참가하다(參加)-참석하다(參席)'의 의미 변별 정보

변별 정보		참가하다	참석하다
사용빈도		1785	1707
의미적 차이	공통의미	어떤 자리나 모임 등에 함께 하다.	
	변별 의미	단순히 출석 이상으로 그 일에 관계하는 것을 의미하다.	어떤 자리나 모임에 단순히 출석하는 것을 의미하다.
통사적 차이	공통 결합	~에	
	변별 결합	대회에 참가하다, 올림픽에 참가하다 행사에 참가하다, 프로그램에 참가하다	결혼식에 참석하다
원 언어 대응 차이		加入某种组织或某种活动 어떤 조직이나 행사에 참여	有发言权和表决权的成员参加会议-出席 발언권 및 결정권이 있는 사람으로 회의에 출석

⑤ 접대하다(接待)-대접하다(待接)

먼저 '접대하다(接待)'와 '대접하다(待接)'의 사용빈도를 살펴보면, '접대하다(接待)'는 142번이지만, '대접하다(待接)'는 873번으로 6배나 높게 나타나고 있다. 이는 일상생활에서는 '접대하다(接待)'보다 '대접하다(待接)' 더 많이 사용되는 것을 알 수가 있다. 『표준국어대사전』에 따르면, 두 단어가 '손님을 예의를 갖춰 초대하다'의 의미에서 유사관계를 가지고 있다.

접대하다:【…을】손님을 맞아서 시중을 들다. 손님을 극진히 접대하다.

ㄱ) 현재 은행에 다니고 있는 앞 테이블에 앉아 고객을 <u>접대한다.</u>/*대접한다.

ㄴ) 차를 대접할 때는 손님의 기호를 반드시 확인하여 <u>접대한다</u>/*대접한다.

ㄷ) 어머니는 할머니를 극진히 <u>대접했다</u>/*접대했다.

ㄹ) 손님에게 과일을 <u>대접하다</u>*/접대하다.

ㅁ) 나는 선배에게 점심 식사를 <u>대접할</u>/*접대할 예정이다.

예문ㄱ-ㄴ)은 '접대하다(接待)'를 사용하는 예문인데, 분석해 보면, 접대하는 대상은 손님, 고객 등 낯선 사람들을 중심으로 하기 때문에, 성심껏 예의를 갖춰야 해야 한다. '대접하다(待接)'를 사용하는 예문ㄷ)도 어머니가 예의를 갖춰 대하고 있다는 의미를 나타나고 있지만, 대상은 자기와 친척 관계가 있는 할머니였다. 그리고 예문ㄹ-ㅁ)를 보면, 예의 외에, 과일, 점심 식사 등 음식을 차려 초대하는 의미를 더 했다. 즉, '접대하다(接待)'는 자기와 친한 관계가 없는 외부인을 대상으로 예의를 갖춰서 대하는 반면에, '대접하다(待接)'는 주로 자기와 친분이 있는 사람을 상대로 예의를 갖춰서 대하는 것이다. 그 외에, '접대하다(接待)'에 비하면, '대접하다(待接)'는 음식을 차려 초대하다의 의미를 더 한다. 한편, '접대하다(接待)'와 '대접하다(待接)'가 대응되는 중국어는 각각 '接待', '招待'이며, '接待(접대하다)'는 '迎接, 接洽(영접; 맞이하다)'의 뜻이고, '招待(대접하다)'는 '欢迎;接待;对宾客或主顾表示欢迎并给以应有的待遇.(환영; 손님이나 손님을 환영하고 합당한 대우를 하는 것)'의 뜻이다.

<표33> '접대하다(接待)-대접하다(待接)'의 의미 변별 정보

변별 정보		접대하다	대접하다
사용빈도		1785	1707
의미적 차이	공통의미	손님을 예의를 갖춰 초대하다	
	변별 의미	손님을 맞아서 시중을 들다.	(누구를)일정한 방식과 예의로 대하다 음식을 차려 초대하다
통사적 차이	공통 결합	~을 접대하다/대접하다	
	변별 결합	손님을 접대하다. 고객을 접대하다 접대용	...에/에게...을, -처럼, -은/을 듯이 친지나 친척을 대접하다, 국수를/떡을/음식을 대접하다
원 언어 대응 차이		迎接, 接洽 영접; 맞이하다	欢迎;接待;对宾客或主顾表示欢迎并给以应有的待遇. 환영; 손님이나 손님을 환영하고 합당한 대우를 하다.

⑥ 통보하다(通報)-보고하다(報告)

'통보하다(通報)'와 '보고하다(報告)'는 같은 한자어 '보(報)'자를 쓰고 있는데 '통(通)'과 '보(報)'에서 의미 차이가 보인다. 사용빈도를 살펴보면, '통보하다(通報)'는 비록 556번만 사용하고 있지만, '보고하다(報告)'는 그보다 3배나 많은 1798번으로 높게 나타나고 있다.『표준국어대사전』에서 두 단어의 뜻풀이를 살펴보면, '내용이나 결과를 알리다'의 의미에서 유사관계를 가지고 있다.

ㄱ) 신체검사 결과는 다음 날 소속 부대로 <u>통보해/*보고해</u> 준다고 했다

ㄴ) 당에서 김 의원을 당 총무로 임명한다고 <u>통보했다/*보고했다.</u>

ㄷ) 부당 사례를 적발하고 이를 시정하도록 해당 관청에 <u>통보했다/*보고하다.</u>

ㄹ) 논문을 정리해서 학계에 <u>보고하였다/*통보하였다.</u>

ㅁ) 각 부서별로 계획서를 작성하여 상관에게 <u>보고해/*통보해</u> 주시오.

ㅅ) 작전이 성공했다고 상부에 <u>보고하였다/*통보하였다.</u>

예문ㄱ-ㄷ)과 예문ㄹ-ㅅ)를 비교해 보면, '통보하다(通報)'는 주로 자신보다 낮은 계급에게 내용이나 결과를 알리는 것이고, '보고하다(報告)'는 그와 반대로, 자신보다 높은 계급에게 내용이나 결과를 알려드리는 것이다. 구체적으로 분석해 보면, 예문ㄱ)은 검사기관에서 소속 부대로 검사결과란 중요한 서류를 전달하는 것이고, 예문ㄴ-ㄷ)은 계급 높은 당에서 의원을 당 총무로 임명한다는 결과를, 부당 사례의 잘못을 높은 계급에 관청에게 알리는 의미를 나타나고 있다. 그리고 예문ㄹ-ㅁ)의 경우는, 개인이 학계에게, 각 부서는 상관이나 상부에게 해당 내용이나 결과를 알려드린다는 의미다. 또한, 두 단어가 대응되는 중국어는 각각 해당 한자어와 같은 '通報'와 '報告'란 단어다. 중국어에서 '通報(통보하다)'는 '用来表彰先进, 批评错误, 传达重要指示精神或情况时使用的公务文书,通报适用行政机关, 党务机关及人大使用(선진적인 것을 표창하고, 잘못을 비판하며, 중요한 지시 정신이나 상황을 전달할 때 사용하는 공무 문서라는 뜻; 통보는 행정기관, 당무기관 및 인민대표대회에 많이 사용됨)'의 의미로 '공식적인 자리에서 많이 사용되며, 주로 위에서 아래로 알리다'의 의미로 쓰이고, '報告(보고하다)'도 공식적인 자리에서 쓰기는 하지만, '公文的一种格式, 是指对上级有所陈请或汇报时所作的口头或书面的陈述.(공문서의 한 형식은 상급자에 대한 진정이나 보고를 할 때 하는 구두나 서면의 진술.)' 와 같이 주로 '자신보다 높은 사람에게 어떤 내용이나 결과를 알려드리는 구어나 서면 진술'이란 의미로 더 많이 사용되고 있다.

<표34> '통보하다(通報)-보고하다(報告)'의 의미 변별 정보

변별 정보		통보하다	보고하다
사용빈도		556	1798
의미적 차이	공통의미	내용이나 결과를 알리다	
	변별 의미	공식적 자리에서 중대한 내용을 전달하거나, 자신보다 낮은 계급의 우수점이나 잘못을 알리는 것이다.	자신보다 높은 사람에게 어떤 내용이나 결과를 알려드리는 구어나 서면 진술
통사적 차이	공통 결합	...에/에게..을, ...에.에게-고	
	변별 결합	...으로...을, ...에/에게-도록 집행기관에 통보하다, 한국공항 관리공단에 통보하다 은행 감독원에 통보하다	회사에 보고하다, 업체에 보고하다 대통령에게 보고하다, 염라대왕께 보고하다
화용적 차이		높은 계급에서 낮은 계급에게 부정적 의미	아랫사람이 윗사람에게 낮은 계급이 높은 계급에게
원 언어 대응 차이		意思是用来表彰先进, 批评错误, 传达重要指示精神或情况时使用的公务文书. 通报适用行政机关, 党务机关及人大使用 (선진적인 것을 표창하고, 잘못을 비판하며, 중요한 지시 정신이나 상황을 전달할 때 사용하는 공무문서라는 뜻 통보는 행정기관, 당무기관 및 인민대표대회에 많이 사용됨.)	公文的一种格式, 是指对上级有所陈请或汇报时所作的口头或书面的陈述. (공문서의 한 형식은 상급자에 대한 진정이나 보고를 할 때 하는 구두나 서면의 진술을 말한다.)

⑦ 반포하다(頒布)-공포하다(公布)

　'반포하다(頒布)'와 '공포하다(公布)'는 같은 한자어 '포(布)'자를 쓰고 있는데 '반(頒)'과 '공(公)'에서 의미 차이가 보인다. 사용빈도를 살펴보면, '반포하다(頒布)'는 54번밖에 안 되는데, '공포하다(公布)'는 1600번으로 훨씬 높게 나타나고 있어 일상생활에서 많이 사용하고 있다. 『표준국어대사전』에서 두 단어의 뜻풀이를 살펴보면, '모두 널리 알게 하다.'의 의미에서 유사관계를 가지고 있다.

　ㄱ) 세종대왕은 1443년에 한글을 창제하였으며 3년 후에 이를 <u>반포하였다</u>/*

공포하였다.

ㄴ) 이후 황제는 1899년 '대한국국제'를 <u>반포하여</u>/*공포하여 모든 정치적 권력의 핵심이 황제에게 있음을 천명하고 황실 중심의 근대화정책을 추진해 나갔다.

ㄷ) 선생님께서 들어오시더니 시험 날짜를 <u>공포하셨다</u>/*반포하셨다.

ㄹ) 정부는 한강 하류 지역에 환경 오염이 심하다고 <u>공포했다</u>/*반포했다.

ㅁ) 5월26일 전문 6조의 칙령 제98호인 '지방제도 개정에 관한 건'을 <u>공포하여</u>/*반포하여 지방제도의 개혁을 단행하였다.

예문ㄱ-ㄴ)과 예문ㄷ-ㅁ)를 비교해 보면, '반포하다(頒布)'는 주로 왕이나 황제 등 나라의 최고 지도자들이 시행하는 중요한 내용들이고, '공포하다(公布)'는 정부, 자치체, 일반민중들이 대중에게 무엇을 알리는 것이다. 구체적으로 분석해 보면, 예문ㄱ)은 세종대왕이란 조선의 왕이 대중에게 훈민정음을 널리 알리는 것이고, 예문ㄴ)은 대한제국의 황제가 국민에게 '대한국국제'란 한 나라의 중대한 제도를 알게 하는 것이다. 그리고 예문ㄷ-ㅁ)의 경우는, 선생님이 학생들에게, 정부는 이미 확정된 법률, 조약, 명령 따위를 일반 국민에게, 자치제가 지방제도를 알리는 것이다. 두 단어가 대응되는 중국어는 각각 해당 한자어와 같은 '頒布'와 '公布'란 단어다. 중국어에서 '頒布(반포하다)'는 '政府机关或人民团体,将其研拟的法令规章,行政措施和所属成员的权利义务有关的诸事宜, 依法公布周知.'(정부 기관 또는 인민 단체는 법률, 규정, 행정 조치 및 소속 구성원의 권리와 의무에 관한 모든 사항을 법률에 따라 공표하고 통지한다)와 같이 사용되고, '公布(공포하다)'는 '公开发表;用招贴宣布, 公告或向公众说明.'(공식적으로 발표: 공고 또는 일반 대중에게 알리는 포스터로 발표 및 설명)과 같이 사용된다.

<표35> '반포하다(頒布)-공포하다(公布)'의 의미 변별 정보

변별 정보		반포하다	공포하다
사용빈도		54	1600
의미적 차이	공통의미	모두 널리 알게 하다.	
	변별 의미	역사적인 중대한 것, 황제나 왕 등이 주도하는 것	이미 확정된 법률, 조약, 명령 따위를 일반 국민에게 널리 알리다 정부, 자치체, 일반민간
통사적 차이	공통 결합	~법이나 제도를 반포하다/공포하다	
	변별 결합	한글을 반포하다, 훈민정음을 반포하다 대한국국제를 반포하다	법령을 공포하다. 인민에게 공포하다.
화용적 차이		시행하는 사람이 주로 왕이나 황제 등 한 국가의 최고 지도자	정부, 자치체, 일반민중 다 가능
원 언어 대응 차이		政府机关或人民团体,将其研拟的法令规章,行政措施和所属成员的权利义务有关的诸事宜, 依法公布周知. (정부 기관 또는 인민 단체는 법률, 규정, 행정 조치 및 소속 구성원의 권리와 의무에 관한 모든 사항을 법률에 따라 공표하고 통지한다.)	公开发表;用招贴宣布,公告或向公众说明. (공식적으로 발표; 공고 또는 일반 대중에게 알리는 포스터로 발표 및 설명)

⑧ 확보하다(確保)-보장하다(保障)

'확보하다(確保)'와 '보장하다(保障)'의 사용빈도를 살펴보면 각각 2524번과 2481번으로 비슷하게 나타나고 있다. 『표준국어대사전』에서 두 단어의 뜻풀이를 살펴보면, '어떤 일이 이루어지도록 조건을 보증하다.'의 의미에서 유사관계를 가지고 있다.

ㄱ) 도이체방크는 한미은행의 경영권을 <u>확보하는/*보장하는</u> 즉시 영업확장에 나설 것으로 알려졌다.

ㄴ) 이런 상황에서는 위리의 생활을 질적으로 풍요롭게 해주는 정보들을 <u>확보하기가/*보장하기가</u> 대단히 어렵다.

ㄴ) 아이디어와 기술로 시장을 <u>확보한다면/*보장한다면</u> 비교적 쉽사리 백만

장자의 대열에 들어설 수 있는 '가능성과 잠재력이 있는 사회'다.

ㄷ) 이 제품의 성능이 최고로 뛰어나다는 것은 제가 보장하지요/*확보하지요.

ㄹ) 그것은 마치 전자 레인지가 아무리 좋아도 그 자체로 훌륭한 요리를 보장하지는/*확보하지는 못하는 것과 마찬가지다.

예문ㄱ-ㄷ)은 '확보하다(確保)'를 사용해야 맞는 문장이며, 자세히 살펴보면, ㄱ-ㄷ)에서는 '보장하다(保障)'란 의미 외에 '가지고 있다, 점유하다' 등의 의미를 내포하고 있다. 예문ㄱ)의 경우, 경영권을 가지게 되는 순간 바로 영업확장에 나설 것이다. 그리고 보증하는 결과 및 보증하는 조건을 나타나는 순서를 보면, 예문ㄷ)은 먼저 앞에서 나온 '아이디어와 기술로 시장'이란 조건을 보증해줘야 뒤에 있는 '가능성과 잠재력이 있는 사회'를 만들 수가 있다. 그와 반대로, 예문ㄹ)을 보면, 앞에서 나타난 '좋은 전자 레인지'란 조건이 있어야 뒤의 결과인 '훌륭한 요리'를 보증할 수 있는 것이다. 즉, '확보하다(確保)'는 조건을 보증하는 반면에 '보장하다(保障)'는 결과를 보증하는 것이다. 그리고 '확보하다(確保)'와 '보장하다(保障)'가 대응하는 중국어는 각각 같은 '確保'와 '保障'이며, 의미로 볼 때, '確保(확보하다)'는 '切实保持或保证((확실한 유지 또는 보증)'이란 의미고 '保障(보장하다)'는 '(权利, 生命,财产等)使不受侵害; 确保;保证做到(권리, 생명, 재산 등) 침해를 받지 않도록 한다; 보증하다; 보호, 보증과 같은 수단과 보호 역할을 하는 사물의 지속 가능한 발전을 지원하는 시스템)' 등의 의미를 가지고 있다.

<표36> '확보하다(確保)-보장하다(保障)'의 의미 변별 정보

변별 정보		확보하다	보장하다
사용빈도		2524	2481
의미적 차이	공통의미	어떤 일이 이루어지도록 조건을 보증하다	
	변별 의미	그 조건을 가지거나 점유하다. 조건을 보증하다	결과를 보증하다
통사적 차이	변별 결합	지분을 확보하다, 위치를 확보하다 객관성을 확보하다. 독자를 확보하다 정보를 확보하다.	이익을 보장하다, 성과를 보장하다 경영을 보장하다, 균형을 보장하다 효과적으로 보장하다, 국민에게 보장하다
화용적 차이		과정, 수단	결과
원 언어 대응 차이		切实保持或保证 (확실한 유지 또는 보증)	(权利,生命,财产等)使不受侵害; 确保;保证做到 用保护,保证等手段与起保护作用的事物构成的可持续发展支撑体系. ((권리, 생명, 재산 등)침해를 받지 않도록 한다; 보증하다; 보호, 보증과 같은 수단과 보호 역할을 하는 사물의 지속 가능한 발전을 지원하는 시스템)

(3) 형용사류 한자어-한자어 유의어군

22쌍 한자어-한자어 유의어군에서 명사와 동사 외에 형용사 유의어사도 한 쌍이 있다(유리하다-유익하다). 앞에 〈표13〉에서 정해진 변별의 틀에 따라서 의미 변별을 살펴보면 아래와 같다.

유리하다(有利)-유익하다(有益)

먼저 '유리하다(有利)'와 '유익하다(有益)'는 공통 한자어 '유(有)'자를 가지고 있으며, '유리하다(有利)'는 이로울 '리(利)', '유익하다(有益)'는 더할 '익(益)'이란 의미에서 차이가 난다. 『표준국어대사전』에서 두 단어의 뜻풀이를 살펴보면, '이익이 되다.'의 의미에서 유사관계를 가지고 있다. 사용빈도를 보면, '유리하다(有利)'는 1469번으로 높게 나타나지만, '유익하다(有益)'는 234번으로 일상생활에서 많이 사용되지 않은 단어이다.

ㄱ) 기온이 높고 비가 많은 여름 계절풍은 벼농사에 특히 <u>유리하다/*유익하다.</u>

ㄴ) 전세는 우리에게 <u>유리하게/*유익하게</u> 전개되어 갔다.

ㄷ) 우리 회사에 <u>유리한/*유익한</u> 결정을 내려 주셔서 감사합니다.

ㄹ) 이 책은 아이들 교육에 <u>유익하다/*유리하다.</u>

ㅁ) 삶에 <u>유익한/*유리한</u> 이야기를 많이 들어야 한다.

ㅂ) 선행은 사람에게 <u>유익하고/*유리하고</u> 좋은 것이다.

위에서 제시한 듯이, 예문ㄱ-ㄷ)은 '유리하다(有利)'를 사용해야 맞는 문장들이고, 예문ㄹ-ㅂ)은 '유익하다(有益)'를 사용해야 하는 문장들이다. 6개 문장들은 모두 '이익이 되다'의 공통적인 의미를 가지고 있지만, 예문ㄱ-ㄷ)에서 나타난 '벼농사, 전세, 회사' 등에 이익이 되는 경우를 분석해 보면, 주로 경제적 이익과 관련이 되는데, 예문ㄹ-ㅂ)의 경우는 '교육, 삶, 사람' 등에게 경제적 이익보다 도움이 된다는 의미가 더 강하다. 그리고 '유리하다(有利)'의 반대말은 '불리하다'라며, '유익하다(有益)'의 반대말은 '무익하다'로 나타나고 있다.

한편, 두 단어가 대응되는 중국어도 각각 같은 '有利'와 '有益'이며, '有益(유익하다)'는 '强调酬劳达到有利可图的性质,常指获得金钱; 有助益或实际的好处(종종 돈을 받는 것을 의미하는 수익성 있는 보수를 강조한다. 도움이 되거나 실제적인 이점)' 등으로 쓰이고 '有利(유리하다)'는 '有利益, 有好处(이익이 있고, 이득이 있다)' 등과 같이 쓰인다.

<표37> '유리하다(有利)-유익하다(有益)'의 의미 변별 정보

변별 정보		유리하다	유익하다
사용빈도		1469	234
의미적 차이	공통의미	누구에게 또는 어떤 단체에 이익이 되다	
	변별 의미	경제적 이익	도움이 되다
통사적 차이	공통 결합	...에/에게 유리하다/유익하다	
	변별 결합	유리한 조건, 유리한 판결 유리한 위치, 유리한 측면 유리한 입장, 유리한 장소	유익한 술자리, 유익한 방법/경험.결과 유익하게 활용하다, 유익한 혜택 유익한 규칙, ..는데 유익하다
원 언어 대응 차이		强调酬劳达到有利可图的性质,常指获得金钱. 有助益或实际的好处 (종종 돈을 받는 것을 의미하는 수익성 있는 보수를 강조한다. 도움이 되거나 실제적인 이점)	有利益, 有好处 (이익이 있고, 이득이 있다.)

지금까지 품사별 한자어-한자어 유의어군 22쌍을 의미 변별을 하였다. 22쌍 한자어 유의어군들을 살펴보면, 많은 유의어쌍은 사용빈도에서 차이가 나타나고 있으며, 의미적, 통사적 차이를 가지고 있다. 특히, 중국에서도 한자를 사용하기 때문에 '원 언어 대응 차이'란 변별 항목을 통해 유의어군들을 구별시킬 수도 있을 것이다. 많은 한자어 유의어군이 같은 한자를 대조하고 있어서 중국인 학습자들에게 원 언어를 통해 보다 쉽게 구별이 되지만, 한자가 다르게 나타나는 경우는, 해당 한자어가 어떤 한자로 번역되는지가 한자어 유의어군 파악에 있어서 중요한 역할을 담당하고 있다.

5.3.2. 고유어-한자어 유의어군 변별

양경진(2019)에서는 고유어와 한자어의 특성을 5가지로 정리하였다.

첫째, 고빈도어는 고유어의 비율이 높고, 중간 정도의 빈도나 저빈도어에서는 한자어의 비율이 높다. 둘째, 고유어는 일상생활 어휘 또는 기초어휘를 담당하며, 한자어는 특수어휘 또는 전문어휘를 담당하고 있다. 셋째, 고유어는 포괄적인 의미를 가진 데 비해 한자어는 상대적으로 의미가 분화되어 있다. 넷째, 고유어는 일상적인 상황에서 주로 사용되고, 한자어는 전문적이거나 공식적인 상황에서 주로 사용된다. 다섯째, 한자어는 결합할 수 있는 논항이 고유어에 비해 제한적이다. 비록 상황에 따라서는 청자가 화자의 발화의미를 이해할 수 있는 경우도 있지만 어휘를 잘 못 선택해서 청자에게 화자의 의미 전달 혼란도 일으킬 수 있다.

그러므로 고유어와 한자어 간의 의미 차이 변별 학습이 이루어지지 않으면 소극적 전이(negative transfer)가 높게 나타나는 법이다. 같은 한자 문화권에 속한 중국인 학습자들은 한국어 한자어를 배울 때 다른 나라 학습자들보다 유리하지만, 모국어 영향을 받아 의미가 비슷한 고유어와 한자어를 선택할 때 자신이 친숙한 한자어를 선택할 경향이 훨씬 높고 이로 인해 부정적 전이를 일으킬 경우도 적지 않다.

한자어와 고유어가 의미적으로 볼 때는 거의 같지만 맥락에 따라서는 특정한 어휘를 선택해야 질이 높은 번역문을 생성시킬 수 있을 것이다. 그러므로, 한중번역에서 고유어-한자어 유의어군들의 의미 차이 변별도 중국인 학습자들에게 아주 중요한 학습내용이다. 앞에서 조사결과에 따르면, 한중번역에서의 고유어-한자어 유의어군들을 총 13쌍이며, 정리하면 아래 〈표38〉과 같이 볼 수가 있다.

<표38> 한중번역에서의 고유어-한자어 유의어군 및 빈도수

분류	어휘	빈도수	유의어	빈도수	품사
고유어-한자어	이르다	7105	달하다	1187	동사
	다리	3569	가교	36	명사
	먼저	6916	우선	4754	부사
	마지막	4426	결국	5577	명사
	마지막	4426	최후	561	명사
	밝히다	10706	표명하다	535	동사
	빨리	3086	신속히	116	부사
	맡다	4026	담당하다	2206	동사
	쓰다	25392	기입하다	101	동사
	보내다	8096	발송하다	190	동사
	세우다	5346	수립하다	1275	동사
	꽤	1461	비교적	112	부사
	집	23610	가정	3894	명사

〈표38〉에서 나타난 듯이, 품사로 볼 때, 동사, 명사, 부사 등이 있고, 동사는 6쌍으로 제일 많고, 그 다음은 명사다. 이절에서는 13쌍 유의어군들을 중심으로 의미 변별을 할 것이다. 〈표13〉에서 제시한 유의어 의미 변별의 틀에 따라 6쌍 동사 유의어군의 의미 변별은 아래와 같다.

(1) 동사류 고유어-한자어 유의어군 변별

〈표38〉에서 나타난 듯이, 동사류 고유어-한자어 유의어군은 총 6쌍이 있으면, 각각 '이르다-달하다', '밝히다-표명하다', '맡다-담당하다', '쓰다-기입하다', '보내다-발송하다', '세우다-수립하다' 등이다.

① 이르다-달하다(達)

'이르다'는 '(누구에게 어떻게 하라고)말하다', '(누구에게 남의 잘못, 실수를 말하여 알게 하다', '움직여서 목적지에 닿다', '(어떤 상태, 수준에)도달하다', '(어느 정도의 수치에)다다르다' 등 여러 의미를 가진 다의어로 '달하다(達)'와 '일정한 정도나 어떤 장에 닿다'란 의미에서 유사 관계를 가지고 있어서 유의 어군이 되는 것이다. 어종차이로 볼 때 '이르다'는 고유어고 '달하다(達)'는 한자어다. 두 단어의 사용빈도로 볼 때, '이르다'는 7105번이고 '달하다(達)'는 1187번으로 일상생활에서 '이르다'가 더 많이 사용되는 것으로 나타나고 있다. 『표준국어대사전』에 따르면, '이르다'는 '어떤 장소나 시간에 닿다; 어떤 정도나 범위에 미치다.' 등 두 가지가 있으며, '달하다(達)'는 '일정한 표준, 수량, 정도 따위에 닿다; 일정한 장소에 다다르다.' 등의 의미를 가지고 있다.

ㄱ) 자정에 이르러서야/*달히여 집에 돌아왔다.
ㄴ) 전쟁이 끝난 뒤 이들은 서로 소식도 모른 채 오늘에 이르게/*달하게 되었다.
ㄷ) 그녀는 자기의 소망에 달하기/*이르기 위하여 최선을 다했다.
ㄹ) 우리의 목적을 달하지/*이르지 않은 상태에서 물러설 수는 없다.
ㅁ) 지난해 분양권가격이 많이 오른 곳은 서울직역으로 평균 10.7%에 달했다./*이르렀다.
ㅂ) 1965년 이후 꾸준히 증가해온 지역 간 인구 이동률은 지금 20-25%에 달해/*일러 세계 최고 수준이다.

예문ㄱ-ㄴ)에서 '이르다'를 사용해야 더 맞는 문장들이고, 분석해 보면, 자정 및 오늘 등 시간과 관련돼 단어를 결합되어 사용하고 있는 것을 알 수가 있다. 그리고 예문ㄷ-ㄹ)에서는 '달하다(達)'를 사용하는 문장들인데, 결합된 어휘를 분석해 보면, 주로 '목적'과 관련된 어휘들이다. 예문ㅁ-ㅂ)에서 문맥 상황을 분석해 보면, 주로 뉴스보도 등 공식적인 상황이기 때문에 '이르다'보다 '달하다(達)'를 사용하는 게 더 적합하다. 즉, 두 단어가 '일정한 정도나 어떤 장소에 닿다'란 의미에서 공통점이 가지고 있지만, '이르다'는 시간과 많이 결합하여 사용하며, '달하다(達)'는 '목적'과 관련된 어휘들과 많이 쓴다는 점에서 차이점이 보인다. 그리고 화용적 의미에서 볼 때, '이르다'는 일상생활 등 비공식적 상황에서 많이 사용되는 반면에 '달하다(達)'는 주로 뉴스 보도 등 공식적 상황에서 많이 사용된다.

<표39> '이르다-달하다(達)'의 의미 변별 정보

변별 정보		이르다	달하다
사용빈도		7105	1187
어종차이		고유어	한자어
의미적 차이	공통의미	일정한 정도나 어떤 장소에 닿다	
	변별 의미	시간에 닿다	목적 따위를 이루다
통사적 차이	공통 결합	...에 이르다/달하다	
	변별 결합	약속 장소에 이르다 자정에 이르다	사명을 달하다, 숙망을 달하다 정상에 달하다. 한계점에 달하다 규모에 달하다
화용적 차이		비공식적	공식적

② 밝히다-표명하다(表明)

'밝히다'는 '(어두운 곳을)밝게 하다', '(전등, 불을)켜다', '(모르거나 알려지지 않은 사실을)알아내거나 증명하다', '어떤 사실을 알리다', '(무엇)을 지나치게 드러나게 좋아하다' 등 여러 의미를 가진 다의어로 '표명하다(表明)'와 '무엇을 드러내다'의 의미에서 유사 의미를 가지고 있다. 어종으로 볼 때 '밝히다'는 고유어이고 '표명하다(表明)'는 한자어이며, 사용빈도를 조회해 보면, '밝히다'는 10706번으로 일상생활에서 많이 사용되는 단어인데, '표명하다(表明)'의 사용빈도는 535번밖에 안 된다.

ㄱ) 반대 의사를 표명하다/*밝히다.

ㄴ) 청소년 문제에 대해 우려를 <u>표명하다</u>/*밝히다.

ㄷ) 불미스러운 사태에 대해 유감을 <u>표명하다</u>/*밝히다.

ㄹ) 경찰에게 이름과 신분을 <u>밝히다</u>/*표명하다.

ㅁ) 학자들이 그 병의 원인을 <u>밝혔다</u>/*표명했다.

ㅂ) 정부는 이번 태풍으로 큰 피해가 발생했다고 <u>밝혔다</u>/*표명했다.

예문ㄱ-ㅂ)에서는 '표명하다(表明)'와 '밝히다'를 사용하는 문장들을 분석해 보면, 두 단어가 '무엇을 드러내다'란 의미에서 공통점을 찾을 수 있으나 해당 내용들을 드러내는 방식, 강도, 내용 등에 있어서 차이점이 보인다. 예문ㄱ-ㄷ)에서 반대 의사, 청소년 문제에 대해 우려, 불미스러운 사태에 대해 유감 등 의사나 태도를 드러내고 있는데, 한편으로는 드러내는 강도를 보면 분명하게 드러내고 있고, 한편으로는 부정적 내용들을 중심으로 드러내고 있다. 예문ㄹ-ㅁ)의 경우는 이름과 신분, 병의 원인 등 드러나지 않거나 알려지지 않은 사실, 내용 따위를 드러내 알리다의 의미로 드러내는 내용 및 방식에 있어서 '표명하다(表明)'와 다르다. 그리고 예문ㅂ)의 경우는 정부가 대중에게 피해가 크다는 알려지지 않은 사실을 알리는 것이다.

<표40> '밝히다-표명하다(表明)'의 의미 변별 정보

변별 정보		밝히다	표명하다
사용빈도		10706	535
어종차이		고유어	한자어
의미적 차이	공통의미	무엇을 드러내다	
	변별 의미	모르거나 알려지지 않은 사실	의사나 태도를 분명하게
통사적 차이	공통 결합	~를 밝히다/표명하다	
	변별 결합	사실/비밀 밝히다 이~에/에게~을 밝히다	유감을 표명하다 강력한 의지를 표명하다 사의를 표명하다
화용적 차이		긍정적, 부정적	부정적

③ 맡다-담당하다(擔當)

『표준국어대사전』에 따르면, '맡다'는 '어떤 일에 대한 책임을 지고 담당하다', '어떤 물건을 받아 보관하다', '자리나 물건 따위를 차지하다', '증명에 필요한 자격을 얻다' 등 다의적 의미가 있으면, '…에서/에게서 …을'과 결합하여 '면허나 증명, 허가, 승인 따위를 얻다', '주문 따위를 받다'등의 의미도 가지고 있다. '맡다'는 '담당하다(擔當)'와 '어떤 일에 대한 책임을 지고 다루다'의 의미에서 유사관계를 가지고 있어서 유의어가 되는 것이다. 어종으로 볼 때, '맡다'는 고유어이고 '담당하다(擔當)'는 한자어다. 사용빈도를 조회해 보면, '맡다'는 4026번이고 '담당하다(擔當)'의 2206번보다 거의 두 배 높게 나타나고 있다. 이를 통해 일상생활에서는 '맡다'를 더 많이 사용한다고 말할 수가 있다.

ㄱ) 김과장이 신입 사원 교육을 담당하고/*맡고 있습니다.

ㄴ) 저는 이 호텔의 식당을 담당하는/*맡고 직원입니다.

ㄷ) 국어 과목을 담당하다/*맡다.

ㄹ) 아무리 작은 일이라도 맡은/*담당하는 일에 최선을 다해야 한다.

ㅁ) 그의 일은 내가 맡아 놓고/*담당해 놓고 해 준다.

ㄱ-ㅁ)은 '맡다'와 '담당하다(擔當)'를 사용하는 예문들이고 5개 예문들은 모두 '어떤 일에 대한 책임을 지고 다루다'란 의미를 내포하고 있다. 구체적으로 분석해 보면, 예문 ㄱ-ㄴ)은 경어를 사용해 공식적인 상황이고, ㄷ-ㅁ)은 평어를 사용하고 있다. 그리고, 예문 ㄱ-ㄷ)은 신입 사원 교육, 식당, 국어 과목 등 책임을 지고 다루는 것은 '어떤 일이' 아닌 구체적인 내용들이나 역할과 결합하고 있다. 한편, 예문 ㅁ)을 보면, '연이어 도맡아서'란 의미를 가지는 관용구인 '맡아 놓고'를 써야 적합한 표현이다.

<표41> '맡다-담당하다(擔當)'의 의미 변별 정보

변별 정보		맡다	담당하다
사용빈도		4026	2206
어종차이		고유어	한자어
의미적 차이	공통의미	어떤 일에 대한 책임을 지고 다루다	
	변별 의미		구체적인 내용들이나 역할
통사적 차이	공통 결합	~를/을 맡다, 담당하다	
	변별 결합	…에서/에게서 …을 맡아 놓고	재무관리, 홍보를 담당하다 아이들을 담당하다, 프로그램을 담당하다
화용적 차이		비공식적	공식적

④ 쓰다-기입하다(記入)

〈표41〉에서 나타난 듯이, '쓰다'는 일상생활에서 고빈도로 사용되는 다의어고 사용빈도는 25362번이다. 주로 '(무엇을)사용하다', '(어떤 일을 하는 데에 돈, 물자를)들이다', '(어떤 말을)사용하다', '(누구에게)어떤 일을 하게 하다', '(몸의 일부를)움직이거나 사용하다', '(어떤 일에 마음, 힘을)들이다' 등 사용하다의 의미가 있고, '(펜, 연필로 글자를)적다', '(글, 소설을)짓다'등 글씨를 짓다는 의미도 있다. 그 외에 '(모자)를 머리에 올리다', '(우산)을 머리에 펴서 들다', '(안경)을 얼굴에 붙어 있게 걸다' 등의 의미도 있다. 그리고 '머리를 쓰다, 손을 쓰다, 악을 쓰다, 바가지를 쓰다, 갑투를 쓰다. 애를 쓰다.' 등 관용적 표현들도 있다. 한편, '기입하다(記入)'는 '수첩이나 문서 따위에 적어 넣다'의 뜻으로 '쓰다'와 '적다'란 의미에서 유사관계를 가지고 있다.

ㄱ) 필요한 사항을 뒷면의 배서란에 기입하고/*쓰고 기명、날인하십시오.

ㄴ) 날마다 들어온 상품의 종류별 수량, 매입 단가를 출납 장부에 상세하게 기입해라/*쓰라.

ㄷ) 면세품은 정확한 수량을 기입해야/*써야 합니다.

ㄹ) 영희는 글씨를 예쁘게 <u>쓴다</u>/*기입한다.

ㅁ) 선생님은 먼저 칠판에 이름을 <u>쓰셨다</u>/*기입했다.

ㅂ) 읽는 것도 <u>쓰는</u>/*기입하는 것과 마찬가지로 독창적으로 읽을수록 좋다.

예문 ㄱ-ㄷ)에서는 '기입하다(記入)' 사용해야 맞는 문장들이고 예문 ㄹ-ㅂ)은 '쓰다'를 사용해야 적합한 표현들이다. 먼저 사용하는 문장 상황을 보면, 예문 ㄱ-ㄷ)의 경우 공시적인 상황이고, 예문 ㄹ-ㅂ)은 비공식적인 상황이다. 그리고 '기입하다(記入)'은 일상생활과 거리감이 있는 상황에서 무엇을 수첩이나 문서 따위에 적어 넣다란 행위를 더 강조하며 '기록하다'의 의미가 내포되고 있다. '쓰다'는 일상생활에서 흔한 경우에서 펜, 연필로 글자를 적다의 의미나 글을 적성하다의 의미가 더 강하다.

<표42> '쓰다-기입하다(記入)'의 의미 변별 정보

변별 정보		쓰다	기입하다
사용빈도		25392	101
어종차이		고유어	한자어
의미적 차이	공통의미	적다	
	변별 의미	작성하다, 펜, 연필로 글자를 적다	수첩이나 문서 따위에 적다
통사적 차이	공통 결합	~를/을 쓰다, 기입하다	
	변별 결합	글을 쓰다 이름을 쓰다 글씨를 쓰다	기록표에 기입하다. 결과를 기입하다 규칙 내용을 기입하다, 단가를 기입하다 사항을 기입하다 미기입
화용적 차이		비공식적	공식적

⑤ 보내다-발송하다(發送)

『표준국어대사전』에 따르면, '보내다'는 '사람이나 물건 따위를 다른 곳으로 가게 하다', '일정한 임무나 목적으로 가게 하다', '(시집이나 장가와 함께 쓰여)결혼을 시키다', '사람을 일정한 곳에 소속되게 하다', '상대편에게 자신의 마음가짐을 느끼어 알도록 표현하다', '놓아주어 떠나게 하다', '시간이나 세월을 지나가게 하다', '죽어서 이별하다' 등 다의적 의미가 있다. '보내다'는 '발송하다(發送)'와 '물건 따위를 다른 곳으로 가게 하다'의 의미에서 유사관계를 가지고 있어서 유의어가 되는 것이다. 어종으로 볼 때, '보내다'는 고유어이고 '발송하다(發送)'는 한자어다. 사용빈도를 조회해 보면, '보내다'는 8096번으로 '발송하다(發送)'의 190번보다 40배 높게 나타나고 있다. 이를 통해 일상생활에서는 '보내다'를 더 많이 사용한다고 말할 수가 있다.

ㄱ) 그는 방학이며 아이를 시골에 보냈다/*발송했다.
ㄴ) 누나가 동생을 시장에 심부름을 보냈다/*발송했다
ㄷ) 질의 서한을 참고인에게 발송하였다/*보냈다.
ㅂ) 시사회 초청장을 회원들에게 발송했다/*보냈다.
ㅅ) 세금 고지서를 각 가정으로 발송했다/*보냈다.

'보내다'는 사람이나 물건 따위를 다른 곳에 가게 할 수가 있는데 '발송하다(發送)'는 주로 물건이나 편지, 서류 따위를 가게 하는 것이다. 그래서 예문ㄱ)에서 아이를 시골로 가게 하기 때문에 '보내다'를 사용해야 하며, 예문ㄴ)의 경우 누나가 동생을 시장에 가게 할 때, 일정한 임무나 목적인 심부름을 가지고 있다. 그리고 예문ㄷ-ㅅ)등을 비교해 보면, '발송하다(發送)'를 사용하는 예문ㄷ-ㅅ)는 주로 공식적인 상황이나 내용과 관련된 있으며, 운송 수단 외에 우편을 이용하여 물건 따위를 가게 하였다. 예문ㄱ)에서도 운송 수단을 사용했지만, 예문ㄴ)에서는 운송 수단이나 우편을 모두 사용하지 않았다.

<표43> '보내다-발송하다(發送)'의 의미 변별 정보

변별 정보		보내다	발송하다
사용빈도		8096	190
어종차이		고유어	한자어
의미적 차이	공통의미	물건 따위를 다른 곳으로 가게 하다	
	변별 의미	사람도 가능, 임무나 목적성이 있다	물건,서류, 편지등. 우편이나 우송수단 필요
통사적 차이	공통 결합	…을 …에/에게,…을 …으로	
	변별 결합	아이를 보내다, 동생을 보내다 시골로 보내다, 시집을 보내다 시장으로 보내다	서한을 발송하다, 초청장을 발송하다 고지서를 발송하다, 통신문을 발송하다
화용적 차이		비공식적	공식적

⑥ 세우다-수립하다(樹立)

『표준국어대사전』에 따르면, '세우다'는 '몸이나 몸의 일부를 곧게 펴게 하거나 일어서게 하다', '처져 있던 것을 똑바로 위를 향하여 곧게 하다', '계획, 방안 따위를 정하거나 짜', '무딘 것을 날카롭게 하다', '질서나 체계, 규율 따위를 올바르게 하거나 짜다', '물품을 생산하는 기계 따위의 작동을 멈추다', '주장이나 고집 따위를 강하게 내세우다', '공로나 업적 따위를 이룩하다', '줄이나 주름 따위를 두드러지게 하다', '부피를 가진 어떤 물체를 땅 위에 수직의 상태로 있게 하다', '나라나 기관 따위를 처음으로 생기게 하다', '어떤 곳에서 다른 곳으로 가던 대상을 어느 한 곳에 멈추게 하다' 등 다의적 의미가 있다. '세우다'는 '수립하다(樹立)'와 '국가, 제도, 계획 따위를 정하거나 이룩하다'의 의미에서 유사관계를 가지고 있어서 유의어가 되는 것이다. 어종으로 볼 때, '세우다'는 고유어이고 '수립하다(樹立)'는 한자어다. 사용빈도를 조회해 보면, '세우다'는 5346번이고 '수립하다(樹立)'의 1275번보다 높게 나타나고 있다. 이를 통해 일상생활에서는 '세우다'를 더 많이 사용한다고 말할 수가 있다.

ㄱ) 외교 관계를 수립하다/*세우다.

ㄴ) 이에 대해 팔레스타인 측은 평화회담 개시 1년이 되는 올 10월 이전까지 자치정부를 수립한다는/*세운다는 목표 아래 동예루살렘을 포함한 점령 지에서 오는 9월 29일 국제 감시 하의 총선거를 실시하자 고 제의했다.

ㄷ) 마을에 교회를 세우다/*수립하다.

ㄹ) 교외에 양로원을 세우다/*수립하다.

예문ㄱ-ㄷ)를 분석해 보면, '수립하다(樹立)'는 예문ㄱ-ㄴ)처럼 국가나 정부 등 공식적인 차원과 결합하여 쓰고 있는데, '세우다'는 그 외에 교회, 양로에서도 쓸 수가 있다. 그리고 예문ㄷ-ㄹ)의 경우는 '처음으로 생기게 하다'의 의미도 내포되고 있다.

<표44> '세우다-수립하다(樹立)'의 의미 변별 정보

변별 정보		세우다	수립하다
사용빈도		5346	1275
어종차이		고유어	한자어
의미적 차이	공통의미	국가, 제도, 계획 따위를 정하거나 이룩하다	
	변별 의미	처음으로 생기게 하다 기관 따위	국가나 정부
통사적 차이	공통 결합	대책을 세우다/수립하다	
	변별 결합	뜻을 세우다, 교회를 세우다 양로원을 세우다, 기록을 세우다 공을 세우다	대책을 수립하다. 계획을 수립하다 공식을 수립하다, 정부를 수립하다 외교관계를 수립하다
화용적 차이		비공식적	공식적

(2) 명사류 고유어-한자어 유의어군 변별

〈표38〉에서 나타난 듯이, 명사류 고유어-한자어 유의어군은 4쌍이 있으면, '다리-가교, 마지막-결국, 마지막-최후, 집-가정'이다. 구체적으로 의미 변별을 분석해 보면 아래와 같다.

① 다리-가교(架橋)

'다리'는 '물을 건너거나 또는 한편의 높은 곳에서 다른 편의 높은 곳으로 건너다닐 수 있도록 만든 시설물', '둘 사이의 관계를 이어 주는 사람이나 사물을 비유적으로 이르는 말' 등 의미에서 '가교(架橋)'와 유사관계를 가지고 있다. 어종으로 볼 때, '다리'는 고유어이고 '가교(架橋)'는 한자어이다. 그리고 사용빈도를 조회해 보면, '다리'는 3569번으로 높게 나타나는데 '가교(架橋)'는 36번 밖에 없다. 이는 일상생활에서 '다리'를 더 많이 쓴다고 볼 수가 있다.

ㄱ) 의원들은 PC통신이나 인터넷에 마련된 전자공간에 정책청문회·입법공청회·사이버상임위 등을 운영함으로써 국민과 국회의원간 토론의 장을 마련하고 입법과 정책에 연결시키는 가교 역할을/*다리 역할 해나간다는 구상이다.

ㄴ) 교통의 기능으로는 해저 터널 해상 가교의/*다리의 건설이 활발해져 교통시설의 역할을 톡톡히 하고 있고 저장 기능으로는 중동의 원유해중 저장 탱크 등이 대표적인 예로 활용되고 있다.

ㄷ) 대학이 한 시대와 한 시대의 문화를 이해 비판 전승해 주는 가교의/*다리의 역할을 해야 함에도 일부 학생들은 한 시대의 문화유산을 폭력으로 전도 단절하려는 극히 위험한 발상을 갖고 있다.

ㄹ) "한국인 당신은 누구인가" "한국인은 한국인이다" "좋은 한국인 나쁜 한국인" "판문점의 벽은 무너질까" 등 한국 관련 서적 다수 집필, 93년 한·일간의 가교(架橋)적/*다리적 보도 공로로 외신기자들에게 주는 권위있는 국제 언론상인 '본— 우에다상' 수상….

ㅁ) 이 물건은 우리에게 오는 데 다리를/*가교를 여럿 거친 것이다.

ㅂ) 그 다리*/가교 위에서 북쪽으로 바라보이는 풍경은 언제 보아도 내게는 예사롭지가 않았다.

예문ㄱ-ㅂ)에서 사용되는 '다리'와 '가교(架橋)'를 살펴보면, ㄱ-ㄹ)은 주로 뉴스 등 보도자료에서 '가교(架橋)'를 썼으며, 예문ㅁ-ㅂ)은 일상 대화문에서 '다리'를 사용하였다. 그리고 예문ㄹ)에서는 '가교적'이란 고정적 표현을 사용하였고 '다리적'으로 쓰면 비문이 되는 것이다. 한편, 예문ㅁ)를 살펴보면, '중간에 거쳐야 할 단계나 과정'이란 의미도 있어서 '가교(架橋)'보다 다리를 쓰는 것이 더 적합하다.

<표45> '다리-가교(架橋)'의 의미 변별 정보

변별 정보		다리	가교
사용빈도		3569	36
어종차이		고유어	한자어
의미적 차이	공통의미	둘 사이의 관계를 이어 주는 사람이나 사물, 건널 수 있는 시설물	
	변별 의미	중간에 거쳐야 할 단계나 과정.	
통사적 차이	공통 결합	다리/가교가 되다	
	변별 결합	다리를 놓다, 다리가 많다 다리를 건너다, 다리를 만들다 다리만큼	가교를 찾다, 가교를 마련하다 가교 역할, 가교적
화용적 차이		비공식적	공식적

② 마지막-결국(結局)

『표준국어대사전』에 따르면, '마지막'은 '시간상이나 순서상의 맨 끝'이라는 의미를 가지고 있으며, '결국(結局)'은 '일이 마무리되는 마당'이라는 의미가 있고, 두 단어가 '맨 나중'이란 의미에서 유사관계를 가지고 있다. 어종으로 볼 때 '마지막'은 고유어이고 '결국(結局)'은 한자어이다. 그리고 품사로 볼 때, '마지막'은 명사지만 '결국(結局)'은 명사와 부사 두 가지로 나눠 볼 수가 있다. 두 단어의 사용빈도를 확인한 결과, '마지막'은 4426번이며 '결국(結局)'은 5577번으로 조금 높게 나타나고 있다. 사용 빈도로 볼 때,

두 단어가 모두 일상생활에서 많이 사용되는 단어들이다.

　　ㄱ) 여자가 마지막으로/*결국 돌아보았을 때 국화꽃은 송이송이 흩어져 조금
　　　　씩 조금씩 깊은 바다 쪽으로 흘러가고 있었다.
　　ㄴ) 축제의 마지막/*결국 날이 마침 문화의 날이었으므로, 겐지는 게이코와 함
　　　　께 긴부라의 전통을 즐기며 혼바시로의 브리지스턴에서 로댕을 감상했고,
　　　　저녁에는 유우라쿠쵸에서 심야영화를 즐겼다.
　　ㄷ) 마지막에/*결국 들어온 사람이 문을 닫았다.
　　ㄹ) 우리가 배운 역사에서 빠진 것들 결국/*마지막 우리의 사고 능력이 신
　　　　장되기 위해서는 기존의 지식 체계를 끊임없이 상대화하는 태도가 필요
　　　　하다.
　　ㅁ) 의사는 온갖 근거를 들이대면서 그가 죽지 않았다는 사설을 설득시키려
　　　　했으나 결국/*마지막 실패했다.
　　ㅂ) 공사 과정에서 먹이 사슬로 이어지는 뇌물 수수 관행 때문에 결국/*마지
　　　　막 원래 설계에서 벗어난 부실한 시공으로 이어지는 것이다.

　　예문ㄱ-ㄷ)에서는 '마지막'이 사용되는 예문들이고 예문ㄹ-ㅂ)에서는
'결국(結局)'은 사용되는 예문들이다. 예문ㄱ-ㄷ)의 경우, 순수 시간상, 순서
상의 맨 끝(축제의 끝날, 다른 사람보다 가장 늦게 들어온 사람)이란 의미를 드러나기
때문에 '결국(結局)'보다 '마지막'을 사용해야 더 자연스럽다. 예문ㄹ-ㅂ)의
경우는, '마지막'이 가진 '끝에 가서'의 의미 외에, 사용되는 언어상황을 살
펴보면 부정적인 의미를 더 강조된다. 즉, '결국(結局)'은 일반적으로 부정적
인 결과와 결합하여 사용하다. 그 외에, '마지막 고개를 넘기기가 가장 힘
들다', '마지막 담배 한 대는 기생첩도 안 준다'등 속담에서는 '결국'을 쓰면
비문이 된다.

<표46> '마지막-결국(結局)'의 의미 변별 정보

변별 정보		마지막	결국
사용빈도		4426	5577
어종차이		고유어	한자어
의미적 차이	공통의미	맨 나중	
	변별 의미	시간상이나 순서상	일의 마무리에 이르러서, 일의 결과
통사적 차이	공통 결합	마지막에/결국에	
	변별 결합	마지막으로, 마지막까지 마지막 단계/마지막 날 마지막 인사/마지막 소원 마지막이다. 마지막 사랑	결국은, 결국에는
화용적 차이		중립적	부정적

③ 마지막-최후(最後)

'마지막'과 '최후(最後)'는 '시간상이나 순서상 맨 뒤'란 의미에서 유사관계를 가지고 있어서 유의어가 되는 것이다. 어종으로 볼 때 '마지막'은 고유어이고 '최후(最後)'는 한자어이다. 그리고 사용빈도를 조회해 보면, '마지막'은 4426번으로 높게 나타나고 있지만, '최후(最後)'는 561번 밖에 없다. 이는 일상생활에서는 '마지막'은 '최후(最後)'보다 훨씬 많이 사용된다고 볼 수가 있다.

ㄱ) 신청서에 맨 마지막에/*최후 사인해 주세요.

ㄴ) 마지막으로/*최후로 한마디 하겠는데 모두들 몸조심해라.

ㄷ) 올림픽은 신과 인간, 그리고 인간과 인간을 평화라는 접착제로 결속시키는 지구 최후의/*마지막의 제전이요, 이 세상 사람 각자가 이 제전의 제관인데 말이다.

ㄹ) 이는 수친다 사임만으로 사태를 종결짓고 군부의 정치적 기득권을 유지하

고자 하는 군부로서는 제2의 위기 상황으로 받아들여져 수친다를 사면령
과 맞바꾸는 최후/*마지막 협상에 나서게 한 것으로 보인다.

ㅂ) 최후를/*마지막을 맞는 순간에 가족과 함께 하고 싶습니다.

위에서 제시된 예문들을 보면, 예문ㄱ-ㅂ)에서는 모두 '시간상이나 순서
상 맨 뒤'의 의미를 내포되는 예문들이며, '마지막'을 사용했고 ㄷ-ㅂ)에서
는 '최후(最後)'를 사용했다. 구체적으로 살펴보면, 예문ㄱ-ㄴ)은 일상적 대
화문이고, 예문ㄷ-ㄹ)은 뉴스 등 공식적인 자리에서 쓰는 문장들이다. 그
리고 예문ㅂ)에서의 '최후(最後)'는 '삶의 마지막 순간', 한 사람의 죽음이란
의미도 가지고 있다. 즉, 두 단어는 의미가 비슷하면서 사용하는 상황이 다
르다. '마지막'은 주로 일상적 대화문에서 사용되며, '최후(最後)'는 뉴스 등
기사문에서 많이 사용되며 삶의 마지막 순간의 의미도 있다.

<표47> '마지막-결국(結局)'의 의미 변별 정보

변별 정보		마지막	최후
사용빈도		4426	561
어종차이		고유어	한자어
의미적 차이	공통의미	시간상이나 순서상 맨 뒤	
	변별 의미		사람이 죽는 순간, 죽음
통사적 차이	공통 결합	마지막까지, 최후까지; 마지막으로, 최후로	
	변별 결합	마지막 단계/마지막 날 마지막 인사/마지막 소원 마지막이다. 마지막 사랑	최후의 수단, 최후를 맞다 최후를 맞이하다 최후적
화용적 차이		비공식적	공식적

④ 집-가정(家庭)

'집'과 '가정(家庭)'은 '가족끼리 함께 생활하는 사람들이 이루는 집단'이

란 의미에서 유사 관계를 가지고 있으며 서로 유의어가 되는 것이다. 어종
으로 볼 때 '집'은 고유어이고 '가정(家庭)'은 한자어이다. 그리고 사용빈도
로 조회해 보면, '집'과 '가정(家庭)'은 각각 23610번, 3894번으로 나타나고
있으며, 일상생활에서는 '가정(家庭)'보다 '집'이란 단어가 7배나 높게 사용
되고 있다.

　ㄱ) 집을/*가정을 수리하다.
　ㄴ) 세 집/*가정 건너 외가가 있다.

　예문ㄱ-ㄴ)은 모두 '집'을 사용해야 하고, '가정(家庭)'을 사용할 수 없는
예문들이다. 두 단어가 혈연관계가 있는 사람들의 생활 공동체라는 의미에
서 공통점을 가지고 있지만, 예문ㄱ)의 경우는 '사람이나 동물이 추위, 더
위, 비바람 따위를 막고 그 속에 들어 살기 위하여 지은 건물'을 수리하는
것이고, 예문ㄴ)의 경우는 '(수량을 나타내는 말 뒤에 쓰여)사람이나 동물
이 살기 위하여 지은 건물의 수효를 세는 단위'의 의미로 '집'을 사용하였
다. 그 외에 '집도 절도 없다', '집에서 새는 바가지 밖에서도 샌다'등 속담
에서도 '가정(家庭)'보다 '집'을 사용해야 맞는 표현이다.

<표48> '집-가정(家庭)'의 의미 변별 정보

변별 정보		집	가정
사용빈도		23610	3894
어종차이		고유어	한자어
의미적 차이	공통의미	가족끼리 함께 생활하는 사람들이 이루는 집단	
	변별 의미	건물, 단위	추상적 의미
통사적 차이	공통 결합	집/가정에서, 집/가정으로	
	변별 결합	집을 짓다, 우리집, 친구집 집을 구경하다	가정에서, 가정으로 가정생활, 가정폭력, 가정교육, 가정방문 가정을 이루다, 가정을 꾸리
화용적 차이		포괄적 의미	제한적 의미

(3) 부사류 고유어-한자어 유의어군 변별

〈표38〉에서 나타난 듯이, 부사류 고유어-한자어 유의어군은 총 3쌍이 있으면, 각각 '먼저-우선, 빨리-신숙히, 꽤-비교적' 등이다.

① 먼저-우선(于先)

『표준국어대사전』의 뜻풀이를 살펴보면 '먼저'는 '시간이나 차례(순서상)에서 앞서서 이루어지는 것'이고, '우선(于先)'은 '어떤 일에 앞서서 이루어지는 것'으로 두 단어가 '어떤 것에 앞서서'라는 점에서 유의 관계에 있음을 알 수 있다. 즉 행위의 연속성이 있을 때 어떤 것에 앞서서 하는 것임을 알 수 있다. 그리고 어종으로 볼 때, '먼저'는 고유어이고, '우선(于先)'은 한자어이다. 사용빈도를 비교해 보면, '먼저'는 6916번으로, '우선(于先)'의 4754번보다 조금 높게 나타나고 있다. 이를 통해, 일상생활에서는 '먼저'가 더 많이 사용된다는 것을 알 수가 있다.

ㄱ) 독자의 호기심에 맞춘 기획의도에서 우선/*먼저 차별성을 드러내는 것이

더 중요하다고 생각한다.

ㄴ) 부모 역할을 떠나서 <u>우선</u>/*먼저 자식들한테 친한 친구 느낌을 주는 사람이 되려고 노력하고 있어요.

ㄷ) 지하철을 타면 서로 <u>먼저</u>/*우선 자리를 양보하는 모습을 쉽게 볼 수가 있다.

ㄹ) 처음 낯선 연구실에 왔을 때 누구도 나에게 <u>먼저</u>/*우선 말을 걸지는 않았다.

ㅁ) 바로 갖다드릴 테니까 <u>먼저</u>/*우선 가지 말아요.

앞에서 분석했듯이, '먼저'와 '우선(于先)'은 '어떤 것에 앞서서'라는 공통적인 의미 영역을 가지고 있지만 예문ㄱ-ㅁ)을 통해 변별이 될 것이다. '먼저'를 사용하는 예문ㄱ-ㄴ)을 살펴보면, 차별성을 드러내는 것은 기획의도의 앞서서 있지만 두 행위의 연속성이 없고, 마찬가지로, 부모가 되기 앞서서 친구가 되겠다는 의미가 있지만, 두 행위는 꼭 이어서 되는 것이 아니다. 즉, '우선(于先)'은 두 행위 간에 해당 행위의 연속성이 없고 단순히 어떤 것보다 앞서서의 의미가 더 강하다. 예문ㄷ)은 예문ㄱ-ㄴ)과 달리, '지하철 타다'와 '자리를 양보하다' 두 행위의 시간적 선후 관계나 차례의 앞뒤 관계를 가지고 있기 때문에 '우선(于先)'을 사용할 때 비문이 되는 것이다. '먼저'가 비문이 됨을 알 수 있다. 그 외에, 예문ㄹ-ㅁ)의 경우는 모두 부정적 의미를 드러내는 문장이므로 '우선(于先)'보다 '먼저'를 사용해야 자연스러운 문장이 되는 것이다.

<표49> '먼저-우선(于先)'의 의미 변별 정보

변별 정보		먼저	우선
사용빈도		6916	4754
어종차이		고유어	3894
의미적 차이	공통의미	어떤 것에 앞서서	
	변별 의미	행위의 연속성이 있음	행위의 연속성이 없음
통사적 차이	변별 결합	부정적 표현과 결합하여 쓸 수 없음	우선적으로 부정적 표현과 같이 쓸 수 있음

② 빨리-신속히(迅速)

『표준국어대사전』의 뜻풀이를 살펴보면 '빨리'는 '걸리는 시간이 짧게'
이고, '신속히(迅速)'은 '매우 날쌔고 빠르게'라는 의미를 가지고 있다. 두 단
어가 '빠르다, 걸리는 시간이 짧다'란 의미에서 유사관계를 가지고 있는 유
의어군이다. 어종으로 볼 때, 빨리는 고유어이고, 신속히는 한자어이다. 그
리고 사용빈도로 조회해 보면, '빨리'는 3086번 높게 나타나는 반면에 '신
속히(迅速)'는 116번 밖에 없다. 즉, 일상생활에서는 '빨리'를 더 많이 사용
한다는 것이다.

ㄱ) 서비스부문의 효율성이 점점 더 생활수준을 좌우하기 때문에 한국은 통
   신, 미디어, 금융, 유통 등 대부분의 서비스산업을 대상으로 가능한 한 신
   속히/빨리 규제를 완화해야 한다.
ㄴ) 상호 채무보증 관행의 혁파는 경쟁력을 잃은 기업을 신속히/빨리 정리하
   고 건강한 기업을 더욱 강건하게 만드는데 필수적이다.
ㄷ) 정부는 24일 광주도시가스 폭발 사고 피해에 대한 긴급금융 세제 지원 대
   책을 마련, 관계 부처 합동 조사단의 정확한 피해 실태 조사가 끝나는 대
   로 빨리/신속히 지원하기로 했다.
ㄹ) 하지만 한국이 자유화를 일찍 시행했다면 더 높은 수준의 성장을 더 빨

리/*신속히 달성할 수도 있었을 것이다.

ㅁ) 목표가 계획보다 빨리/*신속히 달성되었다.

ㅂ) 예상보다 빨리/*신속히 그날이 왔다.

예문ㄱ-ㄷ)에서 '신속히(迅速)'를 사용하는 문장들을 살펴보면, 공식적 문장에서 많이 쓰인다는 것을 알 수가 있고, 예문ㄹ-ㅂ)의 경우 '빨리'는 일상적인 대문화에서 많이 쓰인다는 것을 알 수가 있다. 그리고, 예문ㄹ-ㅂ)를 구체적으로 분석해 보면, 목표와 계획의 비교, 예상과 실제의 비교보다 일찍의 뜻이 있다. 즉, '빨리'는 '빠르다, 걸리는 시간이 짧다'의 의미 외에 '어떤 기준이나 비교 대상보다 이르게'의 의미도 내포되고 있다.

<표50> '빨리-신속히(迅速)'의 의미 변별 정보

변별 정보		빨리	신속히
사용빈도		3086	116
어종차이		고유어	한자어
의미적 차이	공통의미	빠르다, 걸리는 시간이 짧다	
	변별 의미	비교대상 있음	비교대상 없음
통사적 차이	공통 결합	집/가정에서, 집/가정으로	
	변별 결합	없음	신속히 연결하다, 신속히 진행하다 신속히 가동되다, 신속히 대처하다 신속히 파악, 분석하다
화용적 차이		비공식적	공식적

③ 꽤-비교적(比較的)

『표준국어대사전』의 뜻풀이를 살펴보면 '비교적'은 명사도 되고 부사도 된다. 명사일 때 '다른 것과 견주어서 판단하다'의 의미고, 부사로 일 때는 '일정한 수준이나 보통 정도보다 더'의 뜻이다. 이는 부사인 '비교적(比較的)'과 '보통보다 조금 더한 정도'라는 점에서 유의 관계에 있음을 알 수 있다. 그리고 어종으로 볼 때, '꽤'는 고유어이고, '비교적(比較的)'은 한자어이다. 사용빈도를 비교해 보면, '꽤'는 1461번으로, '비교적(比較的)'의 112번보다 10배나 높게 나타나고 있다. 이를 통해, 일상생활에서는 '꽤'가 더 많이 사용된다는 것을 알 수가 있다.

ㄱ) 우리 사무실은 도심에 위치하고 있어 비교적/*꽤 교통이 편리하다.

ㄴ) 이들의 수입, 가족의 사회 경제적 배경은 비교적/*꽤 높은 편이다.

ㄷ) 그는 한국인의 병역 의무에 대해서 질문했고, 나는 앞에 자리한 내석 씨의 도움으로 그에게 비교적/*꽤 정확한 정보를 주었다.

ㄹ) 나로서는 거의 과장 없이 당시의 사람 사는 모습을 사실적으로 묘사한 작품이지만 우리 나라 젊은이들한테도 이해 안 되는 부분이나 말이 꽤/*비교적 있는 걸로 알고 있다.

ㅁ) 그 반대로 외국인이 우리말을 배울 때 혼동하는 발음들이 꽤/*비교적 많다.

ㅂ) 몇 년 전 한국의 한 대기업이 미국에 있는 꽤/*비교적 유명한 전기 광고판 회사와 계약을 맺으려고 했다.

위에서 제시된 예문들을 살펴보면, 예문ㄱ-ㄷ)의 경우는 '비교적(比較的)'을 사용하는 문장들이고, 예문ㄹ-ㅂ)의 경우는 '꽤'를 사용하는 문장들이다. 두 단어가 보통보다 더한 정도란 의미에서 유사관계를 가지고 있는데 구체적으로 분석해 보면, 두 단어가 화용적 차이에 있어서 차이가 보인다. 예문ㄱ-ㄷ)에서 '비교적(比較的)'을 사용하는 경우를 문장들을 보면, 보통보다 더하지만, 교통이 아주 편리하거나, 완전 정확한 정보를 주는 것이 아니다. 하지만 예문ㄹ-ㅂ)에서 '꽤'를 사용하는 문장들을 보면, '상당히 많다, 아주 유명하다' 등 '제법 괜찮을 정도'의 내포의미를 전달하고 있고 '비교적(比較的)'보다 강한 느낌을 가지고 있다.

<표51> '꽤-비교적(比較的)'의 의미 변별 정보

변별 정보		꽤	비교적
사용빈도		1461	112
어종차이		고유어	한자어
의미적 차이	공통의미	보통보다 더한 정도	
	변별 의미	제법 괜찮을 정도	일반 보통 정도
통사적 차이	공통 결합	꽤/비교적 많다 등	
	변별 결합	비교적으로	꽤나
화용적 차이		강한 느낌, 강조	보통

　　고유어-한자어 유의어군 간에 일반적으로 화용적, 의미적 그리고 통사적 차이를 지니고 있다. 앞에서 13쌍 고유어와 한자어 유의어군들을 품사별로 분석하였다. 분석결과에 따르면, 고유어-한자어 유의어군에 있어서의 고유어는 다의어로 존재하고 있으며, 그중에서 해당 한자어와 유사한 의미를 가지고 있어서 서로 유의어가 되는 것이다. 사용빈도로 볼 때, 고유어-한자어 유의어군들에서 해당 한자어보다 고유어가 일상생활에서 더 많이 사용되는 것으로 보인다. 특히 한자어의 경우는 고유어보다 공식적인 장소에서 많이 쓰이기 때문에 이는 또한 해당 고유어와 구별되는 중요한 요소가 된다. 한편, 한자어와 비교해 볼 때, 고유어가 쓰이는 범위가 좁으면서 적용할 수 있는 대상도 적게 나타나고 있다. 고유어의 의미는 일반적으로 포괄적이지만 한자어의 의미는 제한적인 특성이 있다. 고유어의 의미 범주가 넓어서 추상적인 의미까지 표현할 수 있지만, 한자어는 의미 범주가 좁아서 일반적으로 구체적인 의미만 표현할 수 있다. 그리고 화용적으로 볼 때, 고유어는 한자어보다 중립적이거나 긍정적인 의미를 가진 경우가 많으면, 한자어는 부정적인 의미를 더 많이 드러내고 있다. 또한 한자어는 일반적으로 정도가 심하거나 강조하는 느낌이 더 나타나지만, 고유어는 한자어보다 정도가 약하고 강조하는 느낌이 별로 나타나지 않는다. 그

러므로 한자어는 고유어보다 정도가 심하거나 강조할 경우에 더 적절하게 쓸 수 있다.

5.3.3. 한자어-외래어 유의어군 변별

한자어-외래어 유의어 간에 일반적으로 의미적과 통사적 차이를 지니고 있다. 의미적 차이에 있어서는 한자어보다 외래어가 쓰이는 의미 범위가 좁고 적용할 수 있는 대상도 적다. 반면 한자어가 쓰이는 의미 범위는 항상 넓고 적용할 수 있는 대상도 외래어보다 많다. 따라서 포괄적인 경우일 때 한자어를 많이 쓰지만 제한적인 경우일 때 외래어를 많이 쓴다.

이에 한자어 대 외래어형 유의어의 구체적인 변별은 다음과 같다.

<표52> 한중번역에서의 한자어-외래어 유의어군 및 빈도수

분류	어휘	빈도수	유의어	빈도수	품사
한자어-외래어	상무	621	비즈니스	433	명사
	황실	31	임페리얼	10	명사
	중심	6239	센터	1190	명사
	상표	431	브랜드	449	명사
	표	2368	티켓	161	명사
	보고서	1140	리포트	96	명사
	운동	12276	스포츠	1171	명사
	검사	2960	테스트	178	명사
	할인	518	세일	161	명사
	사진기	49	카메라	904	명사

① 상무(商務)-비즈니스(business)

『표준국어대사전』의 뜻풀이에 따르면, '상무'는 '무예를 중히 여겨 높이 받듦'의 '상무(尙武)', '상업상의 업무나 볼일'의 '상무(商務)', '상서로운 안개'

의 '상무(祥霧)', '상업상의 업무나 볼일'의 '상무(商務)', '재단이나 회사 따위의 이사 가운데 보통의 업무를 집행하는 기관. 또는 그 사람'의 '상무(常務)' 등 5가지 의미를 가지고 있다. 외래어 비즈니스(business)는 '어떤 일을 일정한 목적과 계획을 가지고 짜임새 있게 지속적으로 경영함. 또는 그 일.'의 의미기 때문에, '상업상의 업무나 볼일'의 '상무(商務)'와 대조된다. 두 단어가 '상업이나 경영과 관련된 업무'의 의미에서 유사성을 가지고 있다. 어종으로 볼 때, '상무(商務)'는 한자어이고, '비즈니스(business)'는 외래어이다. 그리고 사용빈도를 조회해 보면, '상무(商務)'는 621번이고 '비즈니스(business)'는 433번으로 비슷하게 나오고 있다.

ㄱ) 이에 따라 국내 관련 업체는 작년 12월 미 상무부가/*비즈니스부 최종 확정한 삼성 전자 13.4%, 금성 통신 15.85%, 기타 14.3% 등의 덤핑 마진율에 따라 보복 관세를 부과 받게 된다.

ㄴ) 전기 기선 전차 기차 같은 신기한 기계류가 있는가 하면 개광(開鑛), 상무(商務)/*비즈니스, 농서(農書) 의서(醫書) 따위의 서양 잡학(雜學)에 이르기까지 조선에는 양물과 양학이 쏟아져 들어오고 있는 것이다.

ㄷ) 경쟁적이고 이해가 상반되는 위치에 있는 국방-상무/*비즈니스 양 부처 간의 긴밀한 협조 체제는 반드시 자발적인 필요 인식에 기인한 것은 아니다.

ㄹ) 온라인 비즈니스건/*상무건 오프라인 비즈니스건/*상무건 고객이 원하는 가치를 지속적으로 창출하지 못하면 성공할 수 없다.

ㅁ) 반짝이는 아이디어를 사업화하는 뉴 비즈니스/*상무 열풍이 일본에서 성숙하고 있다.

말뭉치에서 '상무(商務)'와 '비즈니스(business)'를 사용하는 예문들을 추출하면 예문ㄱ-ㅁ)과 같다. 예문ㄱ-ㄷ)에서는 '상무(商務)'를 사용했고 예문ㄹ-ㅁ)에서는 '비즈니스(business)'를 사용하였다. 구체적으로 분석해 보면, 예문ㄱ,ㄷ)에서 나타난 상무부, 상무처는 국가의 한 부서이고, 예문ㄴ)의 경우는 개광, 농서, 의서 등 한자어와 같이 쓰는 문자들이다. 즉, 상무는 국가부서나 한자어를 사용하는 언어 환경에서 많이 쓴다는 것을 확인할 수가 있다. 그리고 예문ㄹ-ㅁ)의 문장들을 살펴보면, 오라인, 오프라인, 아이디어, 뉴 등 외래어가 많이 쓰는 문장이고, 이때 한자어 상무보다 외래어 '비즈니스(business)'를 사용해야 맞는 표현이다. 즉, '상무(商務)'는 국가 차원에서의 상업 활동에서 많이 사용되는 반면에 '비즈니스(business)'는 민간 차원에서의 상업 활동에서 많이 쓰인다. 그리고 '상무(商務)'보다 '비즈니스(business)'는 외래어와 많이 결합하여 사용된다.

<표53> '상무(商務)-비즈니스(business)'의 의미 변별 정보

변별 정보		상무	비즈니스
사용빈도		621	433
어종차이		한자어	외래어
의미적 차이	공통의미	상업이나 경영과 관련된 업무	
	변별 의미	국가 차원에서	일반 상업 활동
통사적 차이	공통 결합	상무/비즈니스에, 상무/비즈니스를	
	변별 결합	한자어와 결합	외래어와 결합
화용적 차이		포괄적	제한적

② 황실(皇室)-임페리얼(imperial)

'황실(皇室)'은 '황제의 집안'이란 의미고 '임페리얼(imperial)'은 '제국의, 황제의' 뜻으로 나타나고 있다. 두 단어가 모든 황제나 제국과 관련성이 있어서 유사 관계를 가지게 되었다. 어종으로 볼 때, '황실(皇室)'은 한자어이고 '임페리얼(imperial)'은 외래어이다. 그리고 사용빈도를 확인한 결과, '황실(皇室)'과 '임페리얼(imperial)'은 각각 31번, 10번으로 나타나고 있으며 일상생활에서 자주 사용하는 단어가 아니다.

ㄱ) 덕분에 주력상품인 임페리얼/*황실 위스키는 3년째 연간 20% 성장세를 유지하고 있으며, 진로발렌타인스는 지난해 아시아·태평양 시장 전체에서 얻은 수익의 3분의 1을 한국에서 올렸다.

ㄴ) 반면 부동의 1위였던 임페리얼/*황실은 29.5%로 추락했다.

ㄷ) 한편, 황제란 뜻의 '임페리얼'/*황실, 공작 청호를 받은 왕자를 나타내는 '프린스', 자존심을 뜻하는 '프라이드', 왕조의 이름인 '빅토리아' 등 자동차 이름엔 계급이나 계층 특히 상류층을 나타내는 것이 많다.

ㄹ) 이곳에는 세계 각국에서 청나라 황실에/*임페리얼 선물한 시계들이 있었는데, 아주 큰 괘종시계에서부터 코끼리, 새 등의 모양을 본뜬 각양각색의 시계까지 아주 다양하고 신기한 모양의 시계들이 많이 있었다.

ㅁ) 방송상태도 좋지 않은데다가 황실에서/*임페리얼 쓰는 괴상한 말로 한 동안 웅얼거리다가 끝났다.

예문ㄱ-ㄷ)에서는 '임페리얼(imperial)'을 사용하는 예문들이고, 예문ㄹ-ㅁ)은 '황실(皇室)'을 사용하는 예문들이다. 구체적으로 분석해 보면, 예문ㄱ-ㄷ)은 황제나 제국과 관련된 물건이 아니라 황제나 제국의 상징적 의미를 사용하여 한 사람의 계급이나 계층을 나타내고 있다. 예를 들어서 예문ㄱ)에서의 위스키 상품 브랜드, 예문ㄴ)에서의 부동의 1위, 예문ㄷ)에서의 자동차 이름 등들이다. 반면에, 예문ㄹ-ㅁ)의 경우는 황제나 제국과 관련된 실물이고, 예문ㄹ)은 청나라 제국에서 황제들이 선물하는 시계를 말하는 것이고, 예문ㅁ)에서는 실제 황제나 제국에서 사용하는 말을 가리키는 것이다. 즉, '황실(皇室)'는 말 그대로의 의미를 유지해서 사용되고 있지만, '임페리얼(imperial)'은 그 단어의 상징의미를 더 많이 사용하고 있다.

<표54> '황실(皇室)-임페리얼(imperial)'의 의미 변별 정보

변별 정보		황실	임페리얼
사용빈도		31	10
어종차이		한자어	외래어
의미적 차이	공통의미	황제나 제국과 관련성이 있음	
	변별 의미	황제나 제국과 관련된 물건들이	황제나 제국을 상징하는 것
통사적 차이	공통 결합	황실/임페리얼 의	
	변별 결합	황실에, 황실용, 황실생활 황실에서, 황실전범, 황실도서관	~인 임페리얼 ~로 임페리얼
화용적 차이		실제적 의미	상징적 의미

③ 중심(中心)-센터(center)

『표준국어대사전』의 뜻풀이에 따르면, '중심'은 '중심(中心)'의 의미로 쓰일 때, '사물의 한가운데', '사물이나 행동에서 매우 중요하고 기본이 되는 부분', '확고한 주관이나 줏대의 의미를 가지고 있다' 등 3가지 의미를 가지고 있다. 이는 '센터(center)'와 '한 가운데, 중앙의 위치'란 의미에서 유사성을 가지고 있다. 어종으로 볼 때, '중심(中心)'은 한자어이고, '센터(center)'는 외래어이다. 그리고 사용빈도를 조회해 보면, '중심(中心)'은 6239번으로 '센터(center)'의 1190번보다 거의 5배 높게 나타나고 있다. 이는 일상생활에서는 '중심(中心)'을 더 많이 사용한다고 볼 수가 있다.

ㄱ) 수도권을 중심으로/*센터로 한 부동산시장이 점차 회복돼 IMF 이전 수준으로 도달하게 되는 호재 요인도 예상되는데 이처럼 일반매매시장이 강세를 보이게 되면 법원경매시장도 덩달아 호조를 보인다.

ㄴ) 그리하여 우리 나라의 인생의례에는, 태어나기 이전의 기자(祈子) 습속을 중심으로/*센터로 하는 출산의례부터 시작하여, 부모가 세상을 떠난 후의

장례와 제례까지를 포괄하게 된다.

ㄷ) KOTRA는 최근 설립한 '대북 위탁가공교역 지원센터/*지원중심'를 통해 대북 교역품목 선정과 중개상 알선, 상담지원 등 대북 위탁가공분야 인큐베이터 사업을 추진키로 했다.

ㄹ) 전남 순천점을 제외한 뉴코아백화점 7개 문화센터는/*문화중심은 26일 공작교실과 미술관.만화영화 관람으로 구성된 '바탕골 예술관 견학'을, 8월 4일에는 '곤충농장교실'을 운영한다.

ㅁ) 나는 경주 여행 중 관광 안내 센터에/*중심에 들러 안압지로 가는 길을 물어보았다.

ㅂ) 그는 다니던 직장을 나와 학교 앞에 분식 센터를/*중심을 차렸다.

예문ㄱ-ㄴ)은 '중심(中心)'으로 사용해야 옳은 문장들이고, 예문ㄷ-ㅂ)에서는 '센터(center)'를 사용해야 맞는 표현들이다. 구체적으로 분석해 보면, 예문ㄱ-ㄴ)은 위치에서의 중앙이란 의미 외에, '사물이나 행동에서 매우 중요하고 기본이 되는 부분의 의미'를 내포하고 있어서 '센터(center)'를 사용하면 비문이 된다. 예문ㄷ-ㅁ)의 경우는 각각 지원, 문화, 안내 등 업무 따위를 이르는 말 뒤에 쓰여, 그 일을 담당하는 곳을 나타내는 말로써 '센터(center)'를 사용하는 것이 더 자연스럽다. 그리고 예문ㅂ)의 경우는 학교 앞에 분식점을 차렸다, '(물건이나 음식 혹은 지명 따위의 이름 뒤에 쓰여) 그것을 파는 곳을 나타내는 말'의 뜻으로 '센터(center)'를 사용하는 것이 적합하다.

<표55> '중심(中心)-센터(center)'의 의미 변별 정보

변별 정보		중심	센터
사용빈도		6239	1190
어종차이		한자어	외래어
의미적 차이	공통의미	한 가운데, 중앙의 위치	
	변별 의미	사물이나 행동에서 매우 중요하고 기본이 되는 부분	((물건이나 음식 혹은 지명 따위의 이름 뒤에 쓰여)) 그것을 파는 곳을 나타내는 말 ((업무 따위를 이르는 말 뒤에 쓰여)) 그 일을 담당하는 곳을 나타내는 말.
통사적 차이	공통 결합	중심/센터 로	
	변별 결합	중심적, 문제 중심, 이념 중심 아이 중심, 서울지역을 중심으로	센터에서, 센터화 지원센터, 연구센터, 물류센터, 문화센터 금융센터, 정보센터

④ 상표(商標)-브랜드(brand)

'상표'는 '임금에게 글을 올리던 일. 또는 그 글'의 '상표(上表)', '사업자가 자기 상품에 대하여, 경쟁업체의 것과 구별하기 위하여 사용하는 기호·문자·도형 따위의 일정한 표지'의 '상표2(商標)', '가을에 부는 선선하고 서늘한 바람'의 '상표3(商飇)', 그리고 '술 따위를 너무 많이 마셔서 몸 표면에 나타난 상처'의 '상표(傷表)4'등 4가지 의미를 가지고 있다. 여기서 '브랜드(brand)'와 비슷한 의미를 가지는 단어는 '상표2(商標)'이다. '브랜드(brand)'와 '상표(商標)'는 '타 업체와 구분하기 위한 업체나 제품의 명칭'이란 의미에서 유사관계를 가지고 있다. 어종으로 볼 때, '상표(商標)'는 한자어이고 '브랜드(brand)'는 외래어이다. 그리고 사용빈도로 조회한 결과, '상표(商標)'와 '브랜드(brand)'는 각각 431번, 449번으로 나타나고 있어 일상생활에서 두 단어가 비슷하게 사용되고 있음을 알 수가 있다.

ㄱ) 한국 가전 양판점 협회는 또 그동안 주요 가전사들에만 주문자 상표/*브랜드 부착 방식으로 납품돼오던 중소 업체들의 소형 제품을 직접 구매·

판매하는 사업을 시작해 중소 업체와 소비자들에게서 좋은 반응을 얻고 있다.

ㄴ) 또 이들에게 가짜 블랙그라마 <u>상표를/*브랜드를</u> 위조해 준 혐의로 안영관 씨(32)를 불구속 입건하고, 일암, 보양 무역주식회사 등 모피판매업체 관계 자들에 대해서도 같은 혐의로 수사 중이다.

ㄷ) 작업라인 한 켠에서 플라스틱통에 <u>상표를/*브랜드를</u> 붙이고 포장하느라 여념이 없는 네팔인 바부람씨(24)의 표정은 희망에 차 있다.

ㄹ) 그것보다는 헤어스타일, 옷과 신발과 가방의 <u>브랜드/*상표</u>, 좋아하는 가수 등을 통해 자기를 확인하고 그 코드를 매개로 타인과 유대감을 형성한다.

ㅁ) 롯데마트의 경우 전략적으로 의류 부문을 확대하기로 했으며, 이마트는 '자연주의'라는 <u>브랜드로/*상표로</u> 의류. 인테리어 전문 매장을 만들어 백 화점에 대응하고 있다.

ㅂ) 이에 따라 업체간 상품개발 경쟁도 치열해져 최근 태평양이 7번째 방문판 매용 <u>브랜드/*상표</u> 아모레헤라를 선보였으며 한국화장품도 7개의 <u>브랜드 를/*상표를</u> 출시해 기존 브랜드와의 차별화를 시도하고 있다.

ㅅ) 국가 <u>브랜드/*상표</u>.

두 단어가 '타 업체와 구분하기 위한 업체나 제품의 명칭'란 유사 의미 를 가지고 있어서 브랜드를 상표로, 상표를 브랜드로 대체 가능할 경우도 있지만, 예문 ㄱ-ㄷ)에서는 상표를 사용해야 하는 문장들이고, 예문 ㄹ-ㅅ) 에서는 브랜드를 사용해야 맞는 문장들이다. 구체적으로 분석해 보면, 예 문 ㄱ-ㄷ)에서는 상표를 붙이는 것은 '라벨'과 같은 의미인 '종이나 천 등 에 제품의 명칭을 적은 것'이기에 브랜드로 교체할 수 없다. 다만 '브랜드 를 붙이다'라는 표현을 쓰기도 하는데, 이때는 종이나 천 등에 기록한 것 이 아니라 브랜드 이름을 만들거나 제품에 그 이름을 사용한다는 의미로 쓰는 것이다. 그리고 예문ㄱ-ㄷ)에서의 상표는 주로 '부착', '위조' 등 제조와 관련된 한자어를 결합하여 사용하는 것을 확인할 수가 있다. 반대로, 예문ㄹ-ㅂ)의 경우는 주로 '의류', '화장품', '잡화' 등의 판매 제품과 결합하는 양상을 보이며, 마트, 인테리어, 등 외래어와 많이 결합하여 쓰인다. 또한 예문ㅅ)에서 나타난 '국가 브랜드'는 하나의 어휘로 '한 국가의 명성 지수를 수량화하고 객관화한 지표'라는 의미를 가지고 있기 때문에 브랜드를 상표로 대체할 수 없다. 한편, 상표는 브랜드의 의미를 포함하여 브랜드보다 포괄적인 의미를 가지고 있다.

<표56> '상표(商標)-브랜드(brand)'의 의미 변별 정보

변별 정보		상표	브랜드
사용빈도		431	449
어종차이		한자어	외래어
의미적 차이	공통의미	타 업체와 구분하기 위한 업체나 제품의 명칭	
	변별 의미	종이나 천 등에 제품의 명칭을 적은 것	의류, 자동차와 같은 판매 제품의 종류나 '메이커'의 의미로 사용되는 경우가 많다
통사적 차이	공통 결합	자체 상표/브랜드, 상표/브랜드 개발, 상표/브랜드 이미지	
	변별 결합	부착, 위조, 확장 등 제조와 관련된 한자어와 많이 결합한다.	의류, 화장품, 잡화 등의 판매 제품 외래어와 많이 결합한다. 브랜드를 찾는 고객, 국가 브랜드
화용적 차이		포괄적 의미	제한적 의미

⑤ 표(票)-티켓(ticket)

'표(票)'와 '티켓(ticket)'은 '증거가 될 만나 쪽지, 입장권, 승차권'등 의미에서 유사관계를 가지고 있는 유의어군이다. 어종으로 볼 때, '표(票)'는 한자어이고, '티켓(ticket)'은 외래어이다. 그리고 사용빈도로 볼 때, '표(票)'는 2366번으로 높게 나타나고 있으며 '티켓(ticket)'의 161번보다 일상생활에서 훨씬 많이 사용하고 있음을 알 수가 있다.

ㄱ) 동생이 내국인 매표소에서 표를/티켓을 사려고 했는데 매표원이 화를 내며 외국인 매표소로 가라는 것이었다.

ㄴ) 그렇지 않아도 업계 일각에는 총선에서 표를/*티켓을 얻기 위해 급조된 정책이 아닌가하는 부정적 시각도 없지 않다.

ㄷ) 국회는 31일 본회의에서 張총리서리의 임명동의안에 대한 투표를 실시해 총투표수 2백44표/*티켓 중 찬성 1백표/*티켓, 반대 1백42표/*티켓, 기권 1표/*티켓, 무효 1표/*티켓로 부결했다.

ㄹ) 우리 나라에서 공연이나 영화·프로야구 등의 티켓을/표를 사기 위해 수십명이나 줄을 서 기다리는 모습이 언뜻 떠올라 귀국하자마자 사업구상에 나섰다.

ㅁ) 이스라엘 정부에서 제공하는 무료 항공 티켓에/표에 관해 그 직원이 다시 알아보고 해답을 주기로 했거든요

ㅂ) 두 팀은 본선에 진출할 티켓을/*표를 놓고 한판 승부를 벌였다.

예문ㄱ)과 예문ㄹ-ㅁ)에서 확인할 수 있듯이, '표(票)'와 '티켓(ticket)'은 입장권, 승차권 등 증거가 될 만한 쪽지에서 같이 쓸 수가 있다. 하지만, 예문ㄴ-ㄷ)의 경우는 각각 선거를 할 때에, 유권자가 자기의 의사를 기록하는 쪽지, 유권자가 투표한 쪽지를 세는 단위 등의 의미 때문에 '티켓(ticket)'을 쓰면 비문이 된다. 한편, 예문ㅂ)의 경우는 '티켓(ticket)'을 사용하는 것이 적합하며, 이는 '특정한 무엇을 할 수 있는 자격, 또는 그런 증명서'를 의미하므로 '표(票)'로 대체될 수 없다. 그리고 말뭉치를 통해 두 단어의 결합 구성을 보면, '올림픽', '공연', '예매', '본선', '매진', '구하다', '열리다'와 같이 '입장권, 승차권'과 관련된 어휘들은 '티켓(ticket)'과 '표(票)'에서 공통적으로 공기하는 것을 확인할 수 있다. 반면 '표(票)'는 주로 '한나라당', '민주당', 후보, 투표, 의원, 압도적, 유권자, 개표 등 '투표 시 의사를 기록하는 쪽지와 그 쪽지를 세는 단위'와 관련된 것이다.

<표57> '표(票)-티켓(ticket)'의 의미 변별 정보

변별 정보		표	티켓
사용빈도		2366	161
어종차이		한자어	외래어
의미적 차이	공통의미	입장권, 승차권	
	변별 의미	투표시 의사를 기록하는 쪽지와 그 쪽지를 세는 단위	특정한 것을 할 수 있는 자격. 또는 그런 증명서
통사적 차이	공통 결합	올림픽, 공연, 예매, 본선, 매진, 구하다, 열리다	
	변별 결합	한나라당, 민주당, 후보, 투표 의원, 압도적, 유권자	
화용적 차이		포괄적 의미	제한적 의미

⑥ 보고서(報告書)-리포트(report)

『표준국어대사전』의 뜻풀이에 따르면, '보고서(報告書)'와 '리포트(report)'는 '보고하는 글이나 문서'란 의미에서 유사관계를 가지고 있다. 어종으로 볼 때, '보고서(報告書)'은 한자어이고, '리포트(report)'는 외래어이다. 그리고 사용빈도를 조회해 보면, '보고서(報告書)'는 1140번으로 '리포트(report)'의 96번보다 거의 10배 높게 나타나고 있다. 이는 일상생활에서는 '보고서(報告書)'를 더 많이 사용한다고 볼 수가 있다.

ㄱ) 시장조사기관인 IC인사이츠의 빌 매클린 회장은 최근 발표한 보고서에서/*리포트에서 "2001년 하반기부터 경기둔화가 예상되기 때문에 반도체 시장 매출 성장 규모도 크게 둔화될 수 있다"고 밝혔다.

ㄴ) 미 노동부가 지난 2일 발표한 '노동생산성·비용에 관한 보고서에'/*리포트에 따르면, 3분기(7~9월) 노동생산성 증가율이 3.8%를 기록, 2분기의 6.1%에 비해 크게 하락했다.

ㄷ) 나의 이기적인 마음 때문에 다른 친구들은 리포트/*보고서 자료를 찾지 못해 고생했습니다.

ㄹ) 요즘 학생들의 리포트/*보고서 채점은 여간 곤혹스런 일이 아니다.

ㅁ) 학생들의 실력은 오픈 북 테스트를 하든지 구술 시험을 치르든지 하여 파악하고 리포트는/*보고서는 학생들의 자료 정리 능력을 측정하는 데 참고로 하면 되는 일이다.

ㅂ) 이밖에도 흔히 논문을 가리키는 외래어로 페이퍼(paper)라는 말을 쓰기도 하는데, 이는 연구논문이나 리포트/*보고서 등의 엄밀한 구분 없이 포괄적인 의미로 사용하는 것이다.

　　예문ㄱ-ㄴ)에서는 보고서를 사용하는 예문들이고 예문ㄷ-ㅂ)은 리포트를 사용하는 예문들이다. 두 단어가 '보고하는 글이나 문서'란 의미에서 유사성을 가지고 있지만 사용하는 언어 환경이 다르다. 예문ㄱ-ㄴ)은 회장 발표, 노동부 등 공식적인 자리 때문에 보고서를 사용하였고, 예문ㄷ-ㅂ)의 경우는 보고하는 글이나 문서지만, 주로 학교에서 이루어지는, 학생이 교수에게 제출하는 소논문을 가리키는 것이다.

<표58> '보고서(報告書)-리포트(report)'의 의미 변별 정보

변별 정보		보고서	리포트
사용빈도		1140	96
어종차이		한자어	외래어
의미적 차이	공통의미	보고하는 글이나 문서	
	변별 의미	조사나 연구를 통해 결과에 관한 글이나 문서	학생이 교수에게 제출하는 소논문
통사적 차이	공통 결합	보고서/리포트를 제출하다/작성하다	
	변별 결합	전략 보고서, 경기보고서 분기보고서, 공식보고서 연구 보고서, 특별 보고서 보고서를 발간하다	리포트를 쓰다, 리포트를 하다.
화용적 차이		비공식적	공식적

⑦ 운동(運動)-스포츠(sports)

　‘운동(運動)’은 ‘사람이 몸을 단련하거나 건강을 위하여 몸을 움직이는 일’, ‘어떤 목적을 이루려고 힘쓰는 일, 또는 그런 활동’, ‘일정한 규칙과 방법에 따라 신체의 기량이나 기술을 겨루는 일, 또는 그런 활동’, ‘물체가 시간의 경과에 따라 그 공간적 위치를 바꾸는 일’ 등 의미를 가지고 있다. 이는 ‘스포츠(sports)’와 ‘일정한 규칙에 따라 개인이나 단체끼리 속력, 지구력, 기능 따위를 겨루는 일’과 유사성을 가지고 있다. 어종으로 볼 때, ‘운동(運動)’은 한자어이고, ‘스포츠(sports)’는 외래어이다. 그리고 사용빈도를 조회해 보면, ‘운동(運動)’은 12278번으로 ‘스포츠(sports)’의 1171번보다 10배 높게 나타나고 있다. 이는 일상생활에서는 ‘운동(運動)’을 더 많이 사용한다고 볼 수가 있다.

ㄱ) 1970년대부터 미국을 중심으로 한국인 사범들이 꾸준히 활동한 결과 지금은 여러 나라에서 엘리트 스포츠/*운동 문화로 정착했고, 올림픽 종목으로 채택된 것도 그러한 토대에 힘입었다고 할 수 있다.

ㄴ) 지하철을 가득 메우는 스포츠/*운동 신문은 그러한 활력을 북돋우는 미디어가 되고 있는가?

ㄷ) 국위의 선양도 중요하고, 스타들을 육성하여 스포츠/*운동 산업을 신장시키는 것도 필요하다.

ㄹ) 인간 본연의 생물학적 구조와 심성에 적합한 규모로 삶을 재편성하는 것, 그래서 ‘작은 것’과 ‘느린 것’에 그 나름의 가치를 부여하여 자율적인 존재로 서게 하는 것이 바로 녹색 운동/*스포츠의 전략이다.

ㅁ) 어차피 재활용 운동을/*스포츠를 효과적으로 수행하기 위해서는 취급되는 물건들에 대한 체계적인 정보들이 구축되어야 한다.

위 ㄱ-ㅁ)예문에서 확인할 수 있듯이, 결합정보에 있어서 '스포츠(sports)'는 주로 '스포츠+명사'를 많이 사용되는 반면에 '운동(運動)'은 주로 '명사+운동'의 결합 구성이 더 많이 보인다. 그리고 두 단어가 '일정한 규칙에 따라 개인이나 단체끼리 속력, 지구력, 기능 따위를 겨루는 일'이란 의미에서 유사성을 가지고 있지만, 실제 말뭉치에서 살펴본 결과, '운동(運動)'은 '녹색, 재활용' 등 '어떤 목적을 이루려고 힘쓰는 일. 또는 그런 활동'이란 의미로 더 많이 사용하고 있다.

<표59> '운동(運動)-스포츠(sports)'의 의미 변별 정보

변별 정보		운동	스포츠
사용빈도		12278	1171
어종차이		한자어	외래어
의미적 차이	공통의미	일정한 규칙과 방법에 따라 신체의 기량이나 기술을 겨루는 일	
	변별 의미	어떤 목적을 이루려고 힘쓰는 일. 또는 그런 활동. 사람이 몸을 단련하거나 건강을 위하여 몸을 움직이는 일	
통사적 차이	공통 결합		
	변별 결합	조합 운동, 문화 운동 선거 운동, 반대 운동 환경 운동, 불매 운동	스포츠 문화, 스포츠 신문, 스포츠 산업 스포츠 이벤트, 스포츠 음료, 스포츠 패션
화용적 차이		포괄적	제한적

⑧ 검사(檢查)-테스트(test)

'검사(檢查)'는 '사실이나 일의 상태 또는 물질의 구성 성분 따위를 조사하여 옳고 그름과 낮고 못함을 판단하는 일', '테스트(test)'는 '사람의 학력, 지능, 능력이나 제품의 성능 따위를 알아보기 위하여 검사하거나 시험함. 또는 그럼 검사나 시험'이란 의미를 가지고 있다.『표준국어대사전』의 뜻풀이에 따르면, 두 단어가 '기능이나 성능을 조사하여 편단하는 것;실력,

능력을 확인하는 것'이란 의미에서 유사성을 가지고 있는 유의어군이다. 어종으로 볼 때, '검사(檢査)'는 한자어이고 '테스트(test)'는 외래어이다. 그리고 사용빈도로 조회한 결과, '검사(檢査)'는 2960번으로 일상생활에서 많이 사용되고 있지만 '테스트(test)'는 176번 밖에 없다.

ㄱ) 병원에 가서 제대로 검사/*테스트 한 번 받아보지 못했고, 두통약만 한 움큼씩 가지고 다녔다.

ㄴ) 얼마전 한 보건단체가 조사한 바로는 우리 나라 주부 가운데 60%가 여전히 아들을 선호하고 있으며 더욱이 임신 중 태아 감별 검사를/*테스트를 받은 경험이 14%나 되었다는 사실이 이를 잘 설명해 주고있다.

ㄷ) 18개 종목에 출전해 3백 10명이 경기를 마치고 약물(藥物) 소변검사인 도핑 테스트를/*검사를 받았는데, 그 중 10여 명이 양성반응을 보였으며 기록이 몰수될지의 여부는 미결이라 한다.

ㄹ) 또 학습기간 측정은 학습자 자신의 자아상·자제력·모험심·자아침투성·모호성 등 5개 분야에 대한 테스트를/*검사를 통해 학습자의 의지력을 측정하고 목표에 도달하기까지의 학습기간을 산출해낸다.

예문ㄱ-ㄹ)은 말뭉치에서 추출한 예문들이고 예문ㄱ-ㄴ)은 '검사(檢査)'를 사용해야 맞는 표현이고, 예문ㄷ-ㄹ)은 '테스트(test)'를 써야 적합한 문장들이다. 구체적으로 분석해 보면, 예문ㄱ-ㄴ)의 경우는 사람을 대상으로 하는 확인이나 판단이라서 '검사(檢査)'만 사용 가능하고 '테스트(test)'를 쓰면 비문이 된다. 그리고 예문에서 나타난 듯이, '검사(檢査)'는 주로 '감별', '신체 검사' 등 한자어와 결합하여 사용하고 있다. 예문 ㄷ)의 경우는 '도핑'이란 외래어가 있어서 외래어인 '테스트(test)'와 같이 써야 더 자연스럽다. 예문ㄹ)의 경우는, 실력, 능력을 확인하는 것이 맞지만, 여기서 '교육 후의 실력 능력을 확인하는 것'이기 때문에, '검사(檢査)'를 쓸 수가 없다.

<표60> '검사(檢査)-테스트(test)'의 의미 변별 정보

변별 정보		시험	테스트
사용빈도		2960	176
어종차이		한자어	외래어
의미적 차이	공통의미	기능이나 성능을 조사하여 편단하는 것; 실력, 능력을 확인하는 것	
	변별 의미	사람의 신체; 교육 후 능력	사람 신체 외, 외래어와 결합
통사적 차이	공통 결합	검사/테스트를 받다, 심리/IQ/기능 검사/테스트,	
	변별 결합	특별 검사, 검사 결과, 검사 방법	시스템 테스트 도핑테스트 지능테스트
화용적 차이		유생물	무생물

⑨ 할인(割引)-세일(sale)

'할인(割引)'은 '일정한 값에서 얼마를 뺌', '세일(sale)'은 '할인하여 판매함'이란 의미를 가지고 있다. 『표준국어대사전』의 뜻풀이에 따르면, 두 단어가 '원 가격보다 싸게'란 의미에서 유사성을 가지고 있는 유의어군이다. 어종으로 볼 때, '할인(割引)'은 한자어이고 '세일(sale)'은 외래어이다. 그리고 사용빈도로 조회한 결과, '할인(割引)'은 516번이고, '세일(sale)'은 161번이다. 다른 유의어군보다 일상생활에서 사용빈도가 낮은 편이다.

ㄱ) LG홈쇼핑의 경우 LG 계열사 임직원에게 10% 안팎의 할인혜택을/*세일을 주며 회원가입을 유도했다.

ㄴ) 회사원 김모(34)씨는 지난해 A음반 할인전문/*세일전문 사이트에 회원으로 가입했다가 몇 달 뒤 탈퇴를 요구했으나 쉽게 되지 않았다.

ㄹ) 이번에 적발된 카드 할인업자들/*세일업자들이 불법 대출해준 금액은 총 3백19억 원에 이르는 것으로 나타났다

ㅁ) 백화점 세일기간을/*할인기간을 피해 세일행사를 하던 할인점.홈쇼핑 업체

들이 올 들어서는 백화점과 같은 기간에 세일을 하는 사례가 잇따르고 있다.

ㅂ) 신년세일, 춘계세일, 부활절세일, 독립기념일세일, 추수감사절세일, 크리스마스세일 등 구실이 없어 할인을/세일을 하지 못할 정도로 할인이/세일이 많다.

ㅅ) 올 겨울 세일을/*할인을 앞두고는 이례적으로 르노 뒤트레 경제 차관이 기자회견을 갖고 소비자들은 이번 세일 기간에 적극적인 쇼핑을 해달라고 당부해 눈길을 끌었다.

예문ㄱ-ㄹ)에서는 '할인(割引)'을 사용하는 문장들이고 예문ㅁ-ㅅ)에서는 '세일(sale)'을 사용하는 문장들이다. 구두 단어가 원 각겨보다 싸게란 의미에서 유사성을 가지고 있지만, 사용대상 및 범위를 분석해 보면, 예문ㄴ-ㄹ)은 '할인(割引)'은 원래의 가격에서 일정부분(10%)을 빼는 것이고, 음반이나 카드 등 특정 범위에서 사용하고 있다. '세일(sale)'은 그보다 범위가 더 다양하다. 그리고 '할인(割引)'에 비하여, '세일(sale)'은 특정 상품이나 서비스를 뿐만 아니라 특정 기간 동안(신년, 춘계, 부활절, 추수), 특정 구매 조건을 충족할 경우에 이루어지는 할인 등도 포함하고 있다.

<표61> '할인(割引)-세일(sale)'의 의미 변별 정보

변별 정보		할인	세일
사용빈도		516	161
어종차이		한자어	외래어
의미적 차이	공통의미	원 가격보다 싸게	
	변별 의미	특정 상품	다양한 종류 특정 기간 동안, 특정 구매 조건
통사적 차이	공통 결합	할인/세일 기간	
	변별 결합	할인판매, 할인혜택, 할인율 할인품목	세일을 실시하다

⑩ 사진기(寫眞機)-카메라(camera)

『표준국어대사전』의 뜻풀이에 따르면, '사진기(寫眞機)'와 '카메라
(camera)' 두 단어가 '사진을 찍는 기계'란 의미에서 유사성을 가지고 있
는 유의어군이다. 어종으로 볼 때, '사진기(寫眞機)'은 한자어이고 '카메라
(camera)'는 외래어이다. 그리고 사용빈도로 조회한 결과, '사진기(寫眞機)'는
49번 밖에 안 되지만, '카메라(camera)'는 904번으로 '사진기(寫眞機)'보다 높
게 나타나고 있다.

ㄱ) 태식이 시내에서 잡혔을 때, 그는 소형 사진기를/카메라를 가지고 있었
   고, 필름을 빼내 돋혀보니 서울 둘레에 흩어진 공산군 시설이 찍혀 있었다
   한다.

ㄴ) 나의 사진기는/카메라는 공항에서부터 지금까지 스무 장도 넘는 사진을
   찍고 있었다.

ㄷ) 물론 사람의 눈은 사진기나 영화촬영기 같은 기계의 눈과는 달리 바깥 세
   계에 있는 것을 하나도 빠짐없이 다 보지는 않아요.

ㄹ) 결과가 나오기까지 그의 일거수일투족은 모두 사진으로 찍혔고 감시카메
   라에/*감시사진기 의해 포착되었다.

ㅁ) 또 디지털 카메라/*사진기·이동통신 단말기 등이 널리 보급되면서 플래시
   메모리도 공급이 65-70% 수준에 머무르고 있다.

ㅂ) 과속을 방지하기 위해서 카메라를/*사진기를 설치해 단속하는 것과는 전
   혀 다른 차원의 전략이 구사되고 있다고 할 수 있다.

예문ㄱ-ㅂ)은 각각 말뭉치에서 추출한 '사진기(寫眞機)'와 '카메라
(camera)'를 사용하는 예문들이다. 사진을 찍다란 의미에서 '사진기(寫眞機)'
와 '카메라(camera)'가 유사하지만, 사용되는 언어 환경이 다르다고 볼 수

가 있다. 예문ㄱ-ㄷ)의 경우는 일반적으로 사람이나 사물, 풍경을 찍어서 기념으로 보존하는 기능을 가진 '사진기(寫眞機)'를 말하는 것이며, 예문ㄹ-ㅂ)의 경우는 그 이외에 감시 기능도 함께 있는 기계를 말하는 것이다. 즉, '카메라(camera)'는 '사진기(寫眞機)'의 단순 사진을 찍는 기능 외에, 기록하는 기능도 포함된다.

<표62> '사진기(寫眞機)-카메라(camera)'의 의미 변별 정보

변별 정보		사진기	카메라
사용빈도		49	904
어종차이		한자어	외래어
의미적 차이	공통의미	사진을 찍는 기계	
	변별 의미	사진 기능	사진 기능 외에 감시, 기록기능
통사적 차이	공통 결합	사진기/카메라를 들다	
	변별 결합	사진기를 세우다	카메라를 설치하다 감시카메라 디지털카메라

5.3.4. 고유어-외래어 유의어군 변별

사회발전에 따라 한국에서 외래어/외국어를 사용하는 경향이 높아지면서 한국어 학습자의 외래어 학습 중요성도 점점 인지하게 되었다. 이소영 (2011)에서는 한국어 학습자의 외래어를 학습할 때 많은 어려움을 겪고 있다고 지적하였으며, 학습자들은 한국어 공부 시 외래어의 양도 많고 외래어 학습이 필요하다고 응답하였다. 글로벌화가 이루어지면서 이에 따라 외국어 사용도 증가하고 있는데, 이러한 결과로 해마다 새로 생겨나는 단어 중에서 많은 부분을 외래어가 차지하고 있다. 이런 매우 광범위하게 나타나는 외국어휘의 한국식 표현 역시 꼭 교육해야 할 부분이라고 볼 수가 있다. 올바른 외래어의 활용을 통해 어휘력 신장에도 도움을 줄 수가 있으며 어휘 의미가 변하거나 문법적 형태가 변한 경우, 학습자에게 습득이 어려움을 갖게 하지만 그 이유로 명시적인 교수 학습이 이루어져야 함을 알 수가 있다. 특히 유사성을 가진 고유어-외래어의 의미 변별은 한국어 학습에 있어서 더욱 어려운 내용이다. 한중번역에서 조사된 유의어군을 살펴보면, 고유어-외래어 유의어군은 총 1쌍이 있으며 앞에 〈표13〉에서 정해진 변별의 틀에 따라서 아래와 같이 의미 변별을 분석할 것이다.

<표63> 한중번역에서의 고유어-외래어 유의어군 및 빈도수

분류	어휘	빈도수	유의어	빈도수	품사
고유어-외래어	열쇠	590	키	1828	명사

열쇠-키(key)

『표준국어대사전』에 따르면, '열쇠'와 '키(key)'는 '자물쇠를 잠그거나 여는 데 사용하는 물건, 어떤 문제를 해결할 수 있는 실마리'이란 의미에서 두 단어가 유사관계를 가지고 있다. 어종으로 볼 때, '열쇠'는 고유어이고 '키(key)'는 외래어이다. 그리고 사용빈도를 확인한 결과, 비록 '열쇠'의 사용빈도는 590번 밖에 안 되지만, '키(key)'는 그보다 3배가 높은 1828번으로 나타나고 있다. 이는 일상생활에서는 고유어 '열쇠'보다 외래어 '키(key)'를 더 많이 사용한다고 볼 수가 있다.

ㄱ) 키로/열쇠로 사무실의 문을 따고 있는데 전화벨이 요란하게 울었다.

ㄴ) 황급히 자동차 키를/열쇠를 들고 현관문을 나서는데 문 안에서 아이의 목소리가 들려왔다.

ㄷ) 현만우 씨는 그것을 풀어 줄 키를/열쇠를 갖고 있는 사람, 어쩌면 그보다 더한 사람인지도 모른다고 이장은 몰래 생각하고 있는 것이었습니다.

ㄹ) 키를/*열쇠 열심히 두들겨 대던 여직원들은 금세 하품을 깨물면서 의자를 한 자쯤 뒤로 빼내고…

ㅁ) 평소 그의 성량보다 두 음 높은 여자 키(Key)가/*열쇠가 반주되자 당황한 U씨는 소프라노처럼 목에 핏대를 세우고 떨리는 다리에 힘을 주고 노래를 불러 간신히 위기를 넘겼다.

예문ㄱ-ㄴ)을 통해 알 수 있듯이, '열쇠'와 '키(key)'는 '자물쇠를 잠그거나 여는 데 사용하는 물건'의 의미로 사용할 때, '열쇠'는 주로 문, 교실등과 결합하여 쓰이며, '키(key)'는 자동차 등과 같이 쓰인다. 그리고 예문ㄷ)처럼 '어떤 문제를 해결할 수 있는 실마리'의 의미로 사용할 때 '열쇠'와 '키(key)'는 큰 의미 차이가 없어 보인다. 예문ㄹ-ㅁ)의 경우는 '타자기나 컴퓨터의 자판 따위에서, 손가락으로 치는 글자판', '피아노, 풍금 따위의 건(鍵)' 등의 의미로 '열쇠'를 사용하면 비문이 된다.

<표64> '열쇠-키(key)'의 의미 변별 정보

변별 정보		열쇠	키
사용빈도		590	1828
어종차이		고유어	외래어
의미적 차이	공통의미	물쇠를 잠그거나 여는 데 사용하는 물건; 어떤 문제를 해결할 수 있는 실마리	
	변별 의미	문이나 교실, 사무실 등에 사용	타자기나 컴퓨터의 자판 따위에서, 손가락으로 치는 글자판. 피아노, 풍금 따위의 건
통사적 차이	공통 결합	키를/열쇠를 들다, 키로/열쇠로	
	변별 결합	창고 열쇠	자동차 키

6. 한중번역에서의 유의어 교육 방안

　인간은 어휘를 통하여 서로 의사소통을 하며 다른 사람과 교류한다. 더구나 외국어학습에서 어휘량은 학습자의 수준에 많은 영향을 끼친다. 어휘는 의사소통의 기본 단위로 존재하는데, 외국어 교육에서 언어 교수, 학습의 일차적 목적이 의사소통에 있음을 감안하면 이의 교육이 얼마나 중요한지를 이해할 수 있다. 유의어는 어휘의 중요한 구성 요소이며 고유한 특성과 의미를 가지고 있다. 유의어를 잘 활용한다면 어휘량도 높일 수 있을 뿐만 아니라, 유의어들의 의미 차이에 대한 인식은 사고력 훈련이 되기도 한다. 이와 동시에 유의어 변별을 통해 학습자들의 어휘 의미에 관한 분석력도 향상시킬 수 있으며 예술적, 문화적 표현의 능력까지 성장시킬 수 있다. 특히 한국어 학습자들에게 유의어 교육을 통해 한국문화와 한국인에 대해 더 정확하게 이해할 수 있고 어휘도 풍부해지면서 그에 따른 표현력도 다양해질 수 있다. 이는 한국어 교육의 목적인 의사소통의 정확성과 유창성과 많은 관련이 있다.

　하지만 유의어는 담화 상황과 맥락에 따라 그 쓰임에 차이가 있기 때문에 학습자가 유의어 간의 의미 구별을 하지 못하게 되면 성공적인 의사소통 할 수 없다. 언어 능력에서 어휘력이 차지하는 바가 큰 만큼, 어휘력 신장을 위한 유의어 교육은 언어 교육 전반에서도 하나의 중요한 축을 형성한다. 이충우(1994)는 한국어 어휘의 가장 큰 특징은 유의어가 많다는 것을 강조하였으며, 조현용(2000)도 교사가 수업에서 가장 어려움을 겪는 것이 유의어와 관련된 내용이라고 지적하였다. 이렇듯 한국어 교육에서 유의어 교육은 큰 난제이며 학생들이 중·고급 단계에 들어간 후 유의어 사용 오류는 일반적으로 나타나는 문제이다.

1990년대 북미에서 유래한 OBE(Outcome-based Education) 교육 이념은 학습 성과 지향적인 교육 이론으로, 학생들이 각 교육 단계를 학습한 후 이상적인 학습 성과를 얻을 수 있도록 하는 것이 교육 설계 및 구현의 목적임을 강조한다. 이 이념의 핵심 관점은 개별화 육성과 교육을 강조하며, 학생들의 능력 본위 양성을 중시하여 모든 학생이 적절한 교육을 통해 성공할 수 있다고 믿는다. 이수경 외(2017)에서는 한국어 교육이 지금보다 더 발전하려면 교육 현장에서 학습자들의 학습 성과를 위하여 합리적이고 체계적인 교육 방법이 적용되어야 한다고 했다. 이를 한국어 교육에서의 유의어 부문으로 적용하여 생각할 때, 학습자들이 유의어의 체계적인 교육과정 설계를 해야 할 것이며, 4차 산업혁명 시대에서의 새로운 패러다임인 학생중심의 성과기반 교육(Outcome Based Education)은 주목할 만하다. 지금까지 한국에서의 OBE관련 연구는 주로 간호학, 의학, 공학 교육에서 소수의 논문이 있고 약학교육에서 현재 약학인증제 관련 성과기반연구가 진행 중이다. 한국어 교육과정에서의 OBE교육과 비슷한 개념의 역량기반, 성취기반, 백워드 교육과 관련된 선행연구가 있으나 OBE를 적용한 한국어 교육과정 연구는 아직 적은 편이다.

한편 현재와 같은 인터넷과 빅데이터 시대는 모바일 인터넷 5G 기술과 모바일 단말 기술의 비약적인 발전을 이끌고 있으며, 이와 함께 네트워크 학습, 원격교육, 모바일단말기, 온라인 학습, 정보화 교육도 학습자를 정적학습에서 동적연습으로, '교사중심' 교육을 '학생중심' 교육으로 전환하는 등 하이브리드 교육개혁을 더욱 추진하고 있다. 정보 기술의 지속적인 발전으로 교육의 현대화는 학생 발전뿐만 아니라 교육 발전의 요구이기도 하므로 온라인과 오프라인을 결합한 혼합 교육이 파생되었다. 정보화 및 디지털화 시대의 급속한 발전은 전통적인 교육 모델에 무한한 기회와 도전을 가져왔다. 정보화 교육 플랫폼을 기반으로 한 혼합 교육은 전통적인 교육의 시공간적 한계를 깨고 전통적인 오프라인 대면 교실 교육과 온라인 자율 학습을 결합하여 교육 자원을 효과적으로 확장하고 교육의 흥미를 높이고 학생들이 적극적으로 학습에 참여하도록 안내할 수 있다. 혼합 교육의 '학생 중심' 이념은 OBE 이념과 일치하며 동시에 혼합 교육은 학생들에게 충분한 지식 학습 및 활용 연습의 시간, 과정 및 자원을 제공할 수 있으며 학생들이 개성화된 학습을 수행하는 데 도움이 되며 OBE이념의 교육 요구를 충족시킬 수 있다. 이에 이장에서는 OBE이념을 기반하여 Blended Teaching를 활용하는 유의어 교육 방안을 제시해 보고자 한다. 이를 위하여 먼저 OBE이념 및 한국어 교육에서 도입의 가능성을 검토하고, OBE+Blended Teaching 교육 틀의 설정한 다음에, OBE이념을 활용한 한국어 유의어 교육 모델을 제시하여 교육 방안을 설계할 것이다. 마지막으로 설계된 유의어 교육 방안의 유효성을 검증하고자 모형을 적용한 결과를 분석할 것이다. 이를 통해 OBE이념이 한국어 유의어 교육에서 적용 가능성 및 효율성은 다시 확인하여 앞으로 한국어 교육에서 다양한 적용을 위해 참고자료를 제시한다.

6.1. OBE이념 및 한국어 교육에서 도입의 가능성

OBE는 Outcome Based Education의 영어 약어로 '성과기반 교육'을 의미한다.[22] 이는 성과 지향 교육이라고도 하며 학습 성과 또는 성과 지향적인 교육 개념으로 교육의 모든 측면에 명확하게 초점을 맞추고 학생들이 학습 과정에서 원하는 성과를 달성할 수 있도록 하는 교육

---

[22] Spady W.D.&Marshall K G.Beyond Traditional Outcome-based Education. Educational Leadership, 1991(2):65-74.

이념이다. OBE이론은 미국·캐나다·호주 등의 기초교육 개혁에서 출발했고 1980년대부터 서구 사회는 교육의 질에 대한 평가가 '입력(input)'에서 '출력(output)'으로 바뀌면서 교육의 성과에 더 많은 관심을 기울이는 배경에서 점차 발전하기 시작했다. OBE의 아버지로 불리는 미국학자 Spady는 OBE에 대해 지속적이고 심도 있는 연구를 진행했으며 1994년 『Outcome-based Education: Critical Isues and Answers 성과 기반 교육: 핵심 문제와 대답』라는 책을 출판하였고 OBE 이론을 보다 구체적이고 종합적으로 분석하였다.

Spady(1994)는 OBE를 'Outcome-based means clearly focusing and organizing everything in an educatinal system around what is essential for all students to be able to do successfully at the end of their learning experiences.'(성과기반 교육은 학습 종료 후 학생의 필수 능력을 모든 교육 활동의 목표로 하는 교육 조직 모델)[23]라고 정의했다. 그는 사전적 해석인 Outcome 보다는 'clear learning results that we want students to demonstrate at the end of significant learning experiences.'(학생들이 중요한 학습 단계가 끝난 후 보여주는 학습 성과를 원한다)라는 보다 구체적인 의미를 부여한다. 여기서 학습 성과는 가치, 신념, 태도 또는 심리 상태가 아니라 학습자가 배워서 이미 알고 있는 지식을 실제로 적용하는 것이다. Spady(1994)는 OBE이념의 틀을 '5p'로 묘사하였고, Acharya(2003)는 다시 Defining(학습성과 정의), Realizing(학습성과 실현), Assessing(학습성과 평가), Using(학습성과 응용) 4단계로 세분화했다.

---

[23] Spady W. Outcome-based Education: Critical Issues And Answers. Arlington, The American Association of School Administrators, 1994:1-10.

<표65> OBE 이념의 틀

5P	해석
1개의 범식(Paradigm)	학생은 언제, 어떻게 학습하는지 보다 성공적으로 학습되는지와 무엇을 학습되는지가 더 중요하다.
2개의 목표(Purposes)	①학생들은 첫 단계의 학교 교육을 마친 후 성공에 필요한 지식, 기능 및 소양을 갖춘다. ②학교의 조직과 운영은 모든 학생들이 성공으로 가는 길에 필요한 지식, 기술, 소양을 실현하고 극대화할 수 있도록 한다.
3개의 전제(Premises)	①모든 학생들은 학습할 수 있고 성공할 수 있다. 단 성공을 이루는 시간 및 방법이 다르다. ②성공한 학습은 더 성공한 학습을 촉진시킨다. ③학교는 학습 성공에 직접적인 영향을 미치는 조건을 통제하고 있다.
4개의 원칙(Principles)	①초점의 명확성 ②기회 확대 ③역설계 ④높은 기대
5개의 단계(Practices)	①최종 목표성과 확인 ②목표성과에 따라 수업체계 설계 ③구체적인 강의 지시 및 요구 전달 ④학습 성과에 대한 정리 및 응용 ⑤다음 더 높은 차원의 목표성과 확인

위에서 언급한 바와 같이 OBE 교육이념의 핵심 관점은 개인화 교육과 교육을 강조하고 학생들의 능력 기반 훈련을 중시하며 모든 학생이 적절한 교육을 통과하면 성공할 수 있다고 믿는 것이다. 이와 동시에 학생들이 교육을 받은 후 얻은 학습 성과를 참고하여 교육 목표를 역설계하고 학습 성과를 중심으로 교육과정을 합리적으로 배치하여 인재 양성의 높은 생산량 목표를 달성할 것을 강조한다.

OBE 교육이념은 학습자 중심의 산출물 설계 원칙을 강조하며, 교사는 수업 시작 전에 학생이 학습 후 달성할 것으로 예상되는 교육 목표를 학생들에게 명확하게 설명하고 학생들이 교육 목표를 이해하고 수용하도록 요구한다. 이 과정에서 학생은 정보 가공의 주체이자 지식 의의의 구축자이며 교사는 학습 과정의 지도자이다. 학생중심(student-centered)의 능동적 학습모델은 학습과정과 학습 성과에 초점을 맞추고 학생들은 반드시 읽기, 쓰기, 토론, 문제 해결에 참여해야 한다.

학생들은 OBE 수업에서 능동적인 학습자가 되어 적극적으로 학습을 구성하고 학습 과정을 지속적으로 검토하며 학습 성과의 성취도를 스스로 모니터링 해야 한다. OBE이념은 학생들이 얻을 수 있는 학습 성과를 최종 목표로 삼고 학습 성과에서 거꾸로 커리큘럼 설계 및 교육 설계를 수행하고 커리큘럼에서 긍정적인 방향으로 교육을 구현하며 '평가-피드백-개선'의 동적 커리큘럼 개선을 제안한다.

OBE 이념은 1980년대에 생성되어 1990년대부터 광범위한 발전되었으며 점차 전 세계적으로 확산되어 가고 있다. OBE 이념이 지속적으로 혁신되고 발전함에 따라 이 이론을 한국어 교육 연구에 어떻게 적용할 것인가가 주목할 만한 과제일 것이다.

6.2. OBE+Blended Teaching 교육 틀의 설정

Spady(1994)에서 정의한 OBE교육을 달성하려면 '성과 지향'의 이념을 기반으로 아래와 같이 '세 가지 핵심'과 '세 가지 개혁'을 마스터 해야 한다.

세 가지 핵심: 역설계, 학생중심, 지속적인 개선
세 가지 개혁: 커리큘럼 시스템, 교실 수업, 수업 평가

먼저 '역설계'는 수업 설계와 수업 계획이 교사가 학생이 최종적으로 달성하기를 원하는 목표 성과에서 출발하는 것을 말한다. 이 원칙에 따라 교사는 교과과정 작성 초기에 학생들이 학습을 통해 최종적으로 달성한 목

표 성과를 명확히 알아야 한다.

둘째 '학생중심'이다. OBE를 적용한 교육 과정은 '학생'을 중심으로 해야 하며 '학습 성과 산출'을 지향하여 교육의 효율성과 교육의 질을 향상시켜야 한다. '학습'을 중심으로 '무엇을 배우는지, 어떻게 배우는지, 어느 정도 배웠는지'는 문제에 주목하고, 학생들의 자기탐구와 자기학습 등 다방면의 능력을 키우는 데 더욱 중점을 두고 있으며, 주로 교수설계(무엇을 가르치고 있는가), 교수과정(어떻게 가르치고 있는가), 교수평가(어느 정도 가르쳤는가)에 반영되면, '학생중심'이 이루어질 수 있도록 교실수업을 개혁하고, 학생에 대한 기대에 따라 교수내용을 설계해야 한다.

셋째, '지속적인 개선'이다. OBE의 '지속적인 개선'은 각 학습자의 학습 요구에 따른 지속적인 반성 및 분석을 기반으로 한 교육 설계에 반영되며, '지속적인 개선'의 효과는 학생들의 학습 효과의 개선에 의해 반영되기도 한다. 그리고 효과적인 '지속적인 개선' 메커니즘을 구축하여 '평가-피드백-개선'의 효과적인 폐쇄 루프를 형성해야 한다.

한편, 혼합형 학습(Blended Teaching)은 미국에서 시작되었는데 인터넷과 정보 기술을 통해 학습되며 전통적인 교육 시간 및 공간 조건의 한계를 깨고 학습 이론, 학습 자원, 학습 환경, 학습 방법 및 학습 매체의 심층 융합이다. 학생들은 사전 학습을 하고 수업 후 시간을 활용하여 학습 시간, 진도 및 깊이를 자율적으로 제어하며 교사는 수업 시간을 활용하여 핵심내용을 확인하고 난점을 설명하여 학습 기술 목표를 강화하며 학생들의 주체성을 강조하고 학생들에게 전반적인 학습 경험을 제공한다.또한 교사는 학생들의 참여도가 높은 혼합 학습 상황을 만들고 다양한 교육 전략을 통하여 학생들의 학습 흥미를 자극하여 해당 능력을 배양하는 학습 과정을 이루어질 수가 있다. 이런 점에서 볼 때, 혼합 교육 모델과 OBE 교육 이념은 '학생을 주체(主体)을 하고 성과(成果)를 지향한다'라는 측면에서 일치하며 모두 학생 중심이며 교사의 역할은 지도와 보조이다. 그러므로 OBE 기반으로 한 혼합 교육 모델의 모색은 학생 개개인이 성공적인 학습을 체감할 수 있도록 수업 방식을 혁신하는 데도 도움이 될 것이다.

이에 이 절에서는 '예정 학습 성과 설정(Defining)−성과 실현 설계(Realizing)−성과 평가(Assesing)−성과 응용(Using)'등 4단계에 따라 OBE 기반하여 Blended Teaching를 적용한 한국어 교육 틀을 설계해 볼 것이다. 교육 방안 설계에 있어서 OBE의 '역설계' 원칙을 따르고 '학생중심'을 강조한다. 그리고 커리큘럼 시스템, 교실 수업, 수업 평가 등을 재설정하고, 학습 성취도를 평가하여 '지속적인 개선'을 통해 기존 교육 설계를 개선하고 예정 학습 성과를 보완·수정한다.

<표66> OBE+Blended Teaching 한국어교육 틀

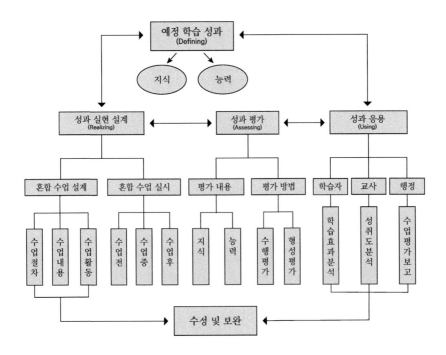

1) 학습 성과 설정(Defining)

학습 성과의 목표 정의는 OBE 이념의 핵심이며 '지식-능력'의 두 가지 차원으로 나눌 수 있다. 예정 학습 성과는 인재 육성 목표에 부합해야 하며 사회 교육, 산업 발전, 학교 및 학생 발전의 요구를 고려해야 한다. 예정 학습 성과는 학생들의 성장을 위한 내재화된 요구일 뿐만 아니라 인재 육성 목표의 반영이기도 하다. 교사는 인재 육성 목표를 결합하여 학습자의 관점에서 학생이 수업에 참여하여 얻을 수 있는 핵심 학습 성과와 산출물을 미리 설정하고 학생들이 어느 분야의 능력과 사고를 훈련해야 하는지 고민해야 한다.

'지식(知識)' 측면에 있어서 교사는 커리큘럼에 따라 수업내용과 결합하여 설계해야 하며 '지식(知識)' 학습의 다양한 수준도 구체적으로 명시해야 한다.(예: 이해 등급, 숙달 등급 및 적용 등급) 그리고 '능력' 측면에 있어서 학생의 전공 관련 능력, 학습자로서의 학습 능력 및 종합적인 소양을 기르는데 주의를 기울여야 한다. 이수경 외(2018)에서는 OBE이념을 적용한 한국어 교육에서 기대되는 학습성과(Intended Learning Outcomes, ILOs)를 지식 및 활용, 가치 및 태도의 두 영역으로 구분하여 제시하였다.[24] 지식 및 활용에의 기대성과는 어휘, 문법, 말하기, 읽기, 듣기, 쓰기 영역을 학습자 한국어 수준에 맞는 내용으로 설정해야 하며, 가치 및 태도 영역에서는 한국 사회와 생활에 잘 적응하고 한국과 자국 문화를 이해함으로써 국제적인 감각을 가질 수 있도록 해야 한다.

2) 성과 실현 설계(Realizing)

학습 성과의 실현은 OBE 이념의 실천 절차이며 〈표66〉에서 주로 혼합

---

[24] 이수경 외(2018), OBE를 적용한 한국어 교육과정 연구-I대학교 한국어문화교육원을 중심으로, 다문화사회와 교육연구, 138-139쪽.

교육 설계 및 혼합 교육실천으로 설계한다. 혼합 교육 설계는 교육 프로세스 설계, 교육 내용 설계 및 교육 활동 설계 등 세 가지를 설정하였으며, 혼합 교육 실천은 수업 전, 수업 중, 수업 후 세 단계로 나눴다.

먼저, 학습 과제 목록 공개, 학생들에게 수업 영상 및 참고 자료 제공, 테스트 및 토론을 포함하여 수업 전 과정이 온라인 교육 플랫폼에서 수행된다. 수업 전 자율학습을 통해 학생들은 인식, 이해 등 낮은 등급의 학습 활동을 사전에 완료하여 고급 단계의 학습 활동에 대비한다. 그 다음, 수업 중 대면수업이 진행되며, 교사는 안내자로서 수업내용을 정리하고, 핵심 설명, 집중답변과 귀납, 수업 전 자가 학습과 과제평가, 수업내용에 따라 과제중심 교수법, 사례교수법, 역할연기법, 상황적 교수법 등을 선택하여 수업을 설계하고, 온라인 학습플랫폼을 이용하여 출석체크, 투표, 수업 시간별 테스트 등 수업 상호작용을 전개하여 학생들의 적극성을 동원하고, 학생들의 심도 있는 참여를 촉진하여 학생들이 고급 단계 학습활동을 완성할 수 있도록 돕는다.

마지막으로 수업 후 과정은 과제 발표, 테스트, 질의응답 등을 포함한 온라인 교육 플랫폼에서 진행되며 학생들에게 개별 지도를 제공하고 배운 지식을 재확인한다. 이 과정에서 교사는 지식의 전달자에서 학습의 설계자와 지원자로 바뀌고, 학생은 팀워크 과제, 성과 전시, 상호 평가 공유, 자기 평가 등을 통해 학습의 주도자가 된다. 이를 통해 교사의 능동적 지도와 학생의 자기 주도적 학습을 통해 학습자의 학습 성과를 실현한다.

3) 성과 평가(Assesing)

OBE 이념의 학습 평가는 학습 성과, 즉 학습 목표에 중점을 두고 있으며, 학생들의 예정 학습 성과의 실현 정도를 확인하는 데 중점을 두고 '평가-피드백-개선'의 동적 커리큘럼 개선을 제시한다. 성과 평가에 있어서 평가방법의 유연성과 다양성, 평가내용 및 평가주체의 다양화를 파악하고 평가의 객관성과 동기부여에 중점을 두고 동적 평가지표체계를 구축하여야 한다.

먼저, 평가 내용 측면에서 성과 평가는 기존 교육 설계의 수정과 예정 학습 성과의 지속적인 개선을 달성하기 위해 지식, 능력 및 소양과 같은 다차원적으로 예정 학습 성과 산출의 과정 및 성과를 고찰해야 한다. 예를 들어, 과제 수행 여부, 시험 성적, 동영상 시청 시간, 퀴즈 푸는 시간 및 기타 데이터 분석을 통해 지식 차원의 학습자 학습 성과를 평가하고, 온라인 질문 및 토론 상황, 온라인 팀 협력 상황 및 기타 데이터 분석을 통해 능력 차원의 학습자 학습 성과를 평가한다.

그 다음은 평가 방법 측면에서 학습 평가는 학습 목표에 따라 세분화되어야 하며, 학습 목표의 요구 사항에 따라 다양한 평가 방법과 가중치를 선택하여 학습 목표의 달성도를 효과적으로 평가하고 성과 평가를 구체화해야 한다. 학습 평가 방법에는 일반적으로 수행 평가(온라인 학습, 강의실 발표, 팀 토론, 자아 테스트), 형성 평가 등이 포함된다.

수행 평가는 수업 전, 수업 중, 수업 후 3개의 교육 단계로 구성되어야 하며, 학생의 학습 태도, 자기 주도적 학습 능력, 글쓰기 및 표현 능력, 협업 능력, 혁신 능력, 사회적 직업윤리 등을 평가하고 학생의 종합적인 자질을 평가하는 데 중점을 두어야 한다. 형성 평가는 학생들의 지식 및 기술 응용 능력을 평가하는 데 중점을 두어야 한다.

또한 OBE이념은 학습 평가 기준을 적절하게 개선하고 평가 형식을 다양화하여 학생들이 Deep Learning을 할 수 있도록 이끄는 '기대 향상'을 강조한다. 학생 간의 평가, 학생 자신에 대한 평가, 교사와 학생 간의 평가를 강조함으로써 학생의 자기 평가, 학생 간의 상호 평가를 듣고 흡수하고 다채널 피드백 정보를 사용하여 학생의 발전을 촉진하고 학생들의 학습 및 참여에 대한 흥미를 자극하며 학생들의 발전을 한층 더 촉진시킨다.

4) 성과 응용(Using)

학습 성과를 응용하는 것은 OBE 개념을 구현하는 마지막 단계이다. 학습 산출물을 사용하여 이전 단계의 효과를 기반으로 산출 성과를 확인하고 최적화 계획을 제안하여 다음 단계에서 더 높은 수준의 목표 성과를 규정한다. 특히 학습 성과의 응용은 교육 개선을 크게 촉진하여 교과 과정의 수준을 향상시키는 데 유리하다. 혼합 학습은 온라인 플랫폼을 통해 학생들의 학습 행동에 대한 다양한 통계 데이터를 얻을 수 있으며, 이는 다차원 학습 성과에 대한 피드백을 얻는 데 도움이 된다.

우선, 학습자들에게는 학습 행동 및 학습 효과 분석 보고서를 제공함으로써 지식에 대한 자신의 숙달도 및 성취도를 알 수도 있고 학습의 약한 부분을 제대로 파악할 수도 있다. 다음, 교사에게는 과제 제출 등을 통해 학습자의 지식 이해, 숙달 및 응용 상황 및 다양한 능력 배양 상황에 주의를 기울일 수 있으며 교사의 교수 방안 설계 개선도 참고가 될 수 있다. 그리고 교사는 학생들이 어려워하는 문제들을 명확하게 요약할 수 있으며, 주제 설정, 지식 핵심 설명, 질의응답 등 다양한 차원에서 교육을 개선할 수 있다. 동시에 교사는 학습 데이터 분석을 통해 학습자를 유형화하고 유형별 학습자에 대한 교육 전략과 초점을 조정하여 OBE 이념에서 강조하는 '모든 사람이 성공할 수 있다'라는 최종목표를 달성할 수 있다. 마지막으로, 교육 행정 부서에게는 학습자의 학습 성과 산출물을 교과 과정의 질적 평가의 참고 자료로 사용할 수 있으며, 수시로 교사의 교육 내용과 교육 진행 상황을 종합적으로 파악할 수 있다. 그 외에 학생들에게 개별관리 및 지도도 가능하게 되었다.

6.3. OBE이념을 활용한 한국어 유의어 교육 모델

앞에서 설계된 한국어 교육 방안 틀에 따라, 이 절에서는 중국인을 대상
으로 OBE이념에 기반하여 한국어 유의어 혼합 교육 모델을 제시해 보고
자 한다. 한중번역에서 대표적인 유의어를 중심으로 설계해 보고자 한다.

<표67> 한중번역에서 대표적인 유의어 교육 모델

학습성과 설정 Defining	지식		① 토픽 중급(3-4) 해당하는 수준의 유의어 어휘들을 익혀 정확하게 사용할 수 있다. ② 유형별 중급 유의어 변별 방법 이해 (어종차이, 사용빈도차이, 연어 차이, 격틀차이, 반의어 차이, 기타 차이 등)
	능력		① 전문적 능력: 어휘량 및 어휘력 신장, 언어 구사능력, 사고력 훈련, 예술적, 문화적 표현력 ② 학습적 능력: 자기 학습 능력, 자아 관리 능력, 의사소통 능력, 팀워크 협력 능력. 실천능력, 창신능력.
성과실현 설계 Realizing	혼합 수업 설계	수업 절차	준비-혼합 수업-보충
		수업 내용	① 유의어 개념의 이해 ② 유형별 중급 유의어 분석 및 변별 학습: 각 유형별 유의어 군을 다양한 교수법을 이용하여 온라인+오프라인으로 설명하고 강의하기.
		수업 활동	팀워크, 토론, 발표, 과제 등
	혼합 수업 실시	수업 전	학생: 자아 학습으로 영상물 시청, 해당 내용 훑어보고 예습 과정에서 의문사항을 표시하여 수업에 질문하기 ① 목표 유의어를 포함된 영상물(광고, 드라마, K-pop)등 온라인 시청 ② 목표 유의어 도출 및 확인 마지막-결국, 운동-스포츠, 통일하다-통합하다, 통보하다-보고하다. 유리하다-유익하다, 확보하다-보장하다, 문장-언어, 열쇠-키. ③ 예습문제 가)영상물에서 나타난 목표 단어를 보면 어떤 느낌이 들어요? (의미가 비슷해요.) ---유의어란 무엇인가? 나)아래 단어의 유의어를 선택하세요. 마지막, 운동, 문장... ---유의어 찾기

			다) a. '통일하다'과 '통합하다'는 어떻게 구별해야 해요?
			b. '통보하다'와 '보고하다'는 어떤 차이가 있어요?

다) a. '통일하다'과 '통합하다'는 어떻게 구별해야 해요?
b. '통보하다'와 '보고하다'는 어떤 차이가 있어요?
c. '열쇠'와 '키'는 언제 의미가 비슷해요?
---어종별 유의어 변별 의식
라)예를 들어 유의어 변별 방법 설명 시청하기.
<마지막, 결국>
변별정보: a. 고유어 VS 한자어―어종차이
b. 마지막(4426번)VS결국(5577번)-빈도 차이
c. 마지막(시간이나 순서상)
결국(일의 마무리에 이르러서, 일의 결과)---사전 의미 차이
d. '마지막'은 '마지막으로, 마지막까지,마지막 단계/마지막 날,
마지막 인사/마지막 소원, 마지막이다. 마지막 사랑'과 결합하
여 사용하고, '결국'은 '결국은, 결국에는'과 결합하여 쓰인다 --
통사적 차이
e. '마지막'은 중립적, '결국'은 부정적--화용적 차이
---유형별 유의어 변별 방법 학습
(어종 차이, 빈도 차이, 의미적 차이, 연어 차이,화용적 차이)
④ 시청 자료에서 도출된 유의어들을 유형별 유의어 변별 방법
    으로 변별, 분석하기.
⑤ 질문 사항 플랫폼에 올리기.

교사: 수업 자료를 정리하여 온라인 플랫폼에 올리고 학생들이
사전 학습을 완성하도록 감독한다.
① 학생 사전 예습 데이트 파악
② 예정 과제 평가 (피드백)
③ 목표 내용 성취도 판단
④ 오프라인 강의 핵심 확정
**이 과정을 통해 학생들이 전문 이론 지식을 습득하여 자아 학
습, 평생 학습의 의식을 키운다.

수업 중

교사: 대면 강의를 통해 의문 설명
(핵심 내용 강화, 질의답변, 정리 및 인도)
① 사전 온라인 지식을 정리:
가)유의어의 개념
나)유형별 유의어의 변별 방법 재설명 및 확인
다)온라인 유의어 변별 과제 평가
② 학생 유의어 변별이나 분석에 관한 질문 답변

학생: Deep Learning
(탐구 학습, 팀별 토론, 합력연구, 교류발표, 피드백평가)
① 팀워크학습 과제 배정
가. 학생들을 팀으로 나누어 학습 과제 배정.
나. 교사는 과제 내용 전달.
a.네이버 국어사전-유의어/반의어를 통해 『中韩翻译』에서의
유의어를 찾아보고 유형별로 나눠서 유의어군들을 정리하기.
b.정리한 유의어군을 가능한 유의어 변별방법을 사용하여 분
석, 변별하기
*교사는 과제 규칙을 제대로 규정 및 전달해야 하며, 이 과정에
서 교사의 적당한 힌트 및 인도가 필요하다.
*학생들이 자신 과제 명백히 접수

			② 팀워크학습 과제 실시 학생들이 핸드폰을 이용하여 교육 플랫폼의 관련 정보를 확인하고 검색하여 스스로 유의어 변별 방법을 탐색하고 이를 학생들이 검색 및 분류할 수 있는 능력을 키운다. 그룹 내에서 과제 배정하고 서로 협력을 통해 교과서의 유의어 분류를 공동으로 완성한다. *교사는 이 과정에서 각 팀의 협력 상황을 파악하고 교실 질서가 잘 유지되도록 감독한다. *학생들이『中韩翻译』유의어 정리하고 팀원들과 함께 유의어 목록 및 유형별 변별 가능한 유의어군을 분석, 정리하기. **이 과정을 통해 학생들의 단체 협조 능력, 분석능력을 키운다.
			③ 팀워크학습 성과 전시 팀별로 정리한 품사별 유의어군, 유형별 변별 가능한 유의어군들을 온라인 학습 플랫폼에 올리고 교실 멀티미디어를 통해 보여준다. 각 팀의 대표가 나와서 분석 및 정리한 내용들을 전시하고 설명하며, 그들의 팀이 협력했을 때의 과정, 분석 결과를 공유한다. *교사는 학생들의 팀워크 성과를 멀티미디어에 전시할 수 있도록 도와준다. *팀별 대표가 협력학습의 성과 및 과정을 공유하는 과정에서 다른 팀은 해당 내용을 기록하고 장단점을 찾고 보완한다. **이 과정을 통해 학생들의 언어 표현 능력을 향상 시킨다.
		수업 후	교사: ① 보충 강의 자료를 통해 유의어 변별 방법 강화. ② 수업시간에 학생들이 누락된 유의어군들을 정리해서 플랫폼에 올려주기. ③ 유의어 변별 온라인 테스트 설정 ④ 연습 문제 체크 및 정리 ⑤ 학생 개별 지도 ⑥ 수업의 장단점을 참고하여 다음 수업 설계 개선 학생: ① 온라인 테스트 완성 ② 유형별 유의어 변별 방법 정리 ③ 이해 못한 부분은 교사에게 다시 질문하기
성과 평가 Assessing	평가 내용		① 지식: 가)유의어의 개념 유의어란 무엇인가? 예를 들어 제시하기 나)유형별 유의어 변별 방법 설명하기 a.어종의 차이로 변별할 수 있는 유의어 b.사용 빈도의 차이로 변별할 수 있는 유의어 c.화용적 차이로 변별할 수 있는 유의어 d.격틀의 차이로 변별할 수 있는 유의어 e.연어의 차이로 변별할 수 있는 유의어 f.반의어 차이로 변별할 수 있는 유의어 g.기타 차이로 변별할 수 있는 유의어
			② 능력: a.어휘량 및 어휘력 신장, 언어 구사능력, 사고력 훈련, 예술적, 문화적 표현력 b.자기 학습 능력, 자아 관리 능력.의사소통 능력, 팀워크 협력 능력. 실천능력, 창신능력.

평가 방법	수업 전 평가	a.학생 참여도 b.테스트 완성도 c.연습문제 점수	
	수업 중 평가	a.팀 평가: 팀협력 정도, 팀협력 문제 해결 능력, 팀별 과제 완성도. b.자아평가: 학습 과제 완성도, 동창과 교류 및 학습 정도, 학습 참여도 c.학생 간 평가: 담당하는 학습 임무 완성도, 팀 학습 과제에 대한 적극성, 자아 학습 의식. d: 교사 평가: 온라인 영상물 시청 시간, 토론 및 발표 회수, 출석, 학습 내용에 대해 질의 정도.	
	수업 후 평가	① 온라인 과제 ② 오프라인 과제, 시험	
성과 응용	학생	온라인 데이트 통계를 통해 자신 유의어 변별에 있어서 어려워하거나 잘못 이해하는 내용이나 문제 유형을 파악하고 다음 단계의 학습에 참고 자료 제공	
	교사	①학생 온라인 유의어와 관련된 테스트 참여도를 분석하여 학습 흥미 유발에 있어 유리한 유형을 파악하고 개선한다. ②학생이 유의어 변별에 있어서 더 어려워하는 유형을 파악하고 보충 및 보완 단계의 강의 핵심 내용으로 설정한다. ③개별 학생의 유의어 학습 상황 데이트를 바탕으로 개별 지도 가능하고 '모든 학생의 성공'을 실현된다.	
	행정 부서	학생들의 성과 산출 자료를 바탕으로 해당 수업 평가의 참고가 된다.	

6.4. OBE이념을 기반한 유의어 혼합 교육 모델 효과

OBE 기반한 혼합 유의어 교육의 효과와 학생 수용도를 검증하기 위해 연구자는 중국 Q대학 3학년 2개 반 총 60명 학습자를 대상으로 실험 및 결과 분석을 수행하였다. 그중에서 대조반은 30명, 실험반 30명 등으로 모두 한족이며 한국어 중급 수준의 학습자들이다. 실험 시간은 2주이며 실험 내용은 유형별 중급 유의어 변별 교육이다. 대조반에서는 전통적인 교수방법으로 교사 강의 중심으로 수업을 전개하였으며 실험반에서는 OBE+ 혼합학습 모델을 사용하였다. 평가방법에 있어서는 대조반은 오프라인 최종 평가로 학생의 학습 성과를 검증하고, 실험반은 '온라인+오프라인'의 '평시+최종' 평가로 진행하였다.

첫째, 성적 대비(지식)이다.

두 반의 평가 방법과 성적 구성 비율이 다르기 때문에 비교 공평성 및 가능성을 고려하여 오프라인 최종 시험의 성적만을 분석 및 비교하였다. 최종 시험문제는 주어진 어휘의 유의어 선택 문항(20*2=40점), 밑줄 친 부분의 단어에 대한 유의어 대체 문항(20*2=40점), 그리고 주어진 유의어의 구분 방법 논술(10*4=40점) 등으로 구성되어 있다. 두 반의 비교 분석한 결과 〈표 68〉에 나타난 바와 같이 동일한 난이도의 시험지를 평가했을 때 실험반은 전체적으로 높은 점수로 나타나고 있다. 대조반은 최고점은 92점인데 실험반은 최고점은 98점이고, 평균점수로 볼 때, 실험반은 92.36로 대조반의 80.11보다 12.25나 차이가 있다. 이를 통해 OBE+ 혼합학습 모델을 적용한 학생들의 전반적인 학습 효과가 더 높다고 볼 수가 있다.

<표68> 대조팀 및 실험팀 성적 비교

구분	평균	최고점	최저점
대조반	80.11	92	27
실험반	92.36	98	67

둘째, 학습 만족도이다.

수업 종료 후 실험반 학생 30명에게 설문지를 배부하여 OBE+혼합학습 모델에 대한 조사를 실시하였다. 그 결과 89.23%의 학생이 OBE 혼합 교육에 더 많은 관심을 기울였고 학습의 열정과 주도권이 자극되며 독학 능력과 지식 활용 능력을 향상시킬 수 있었다고 판명되었다. 82.96%의 학생은 수업 형태가 다양하고 기존보다 수업에 더 관심이 있었다고 말했다. 81.85%의 학생은 수업 상호 작용에서 팀워크 능력이 크게 향상되었으며 의사소통 및 표현 능력과 평가 능력이 향상되었다고 표현했다. 그리고 91%의 학생은 자투리 시간을 더 잘 활용할 수 있었다고 말했으며 OBE+ 혼합학습 모델은 학습에 대한 높은 기준을 설정하기 때문에 자신이 요구사항을 충족하기 위해 더 열심히 공부해야 한다고 평가했다.

모든 실험반 학생들은 교사가 제공한 학습 자료들 및 학생들이 스스로 학습에 도움이 되는 학습 자료를 찾도록 지도하는 것에 만족했다. 한편, 여전히 10.77%의 학생들은 전통적인 교수법을 선호한다고 답했는데, 주된 이유는 OBE+ 혼합학습에 있는 번거로운 평가방식에 익숙하지 않고, 해당 과제를 독립적으로 수행할 수 있는 능력이 부족하며, 교사의 수업 분위기를 선호하기 때문이었다.

7. 결론

　이상으로 중국내 4년제 대학교 한국어 학습자들을 대상으로 한중번역에서의 어종별 유의어 목록을 추출하여 그 양상을 살핀 다음 의미적, 통사적, 화용적으로 한중번역에서의 유의어 의미 변별을 분석 하였고, OBE이념을 기반하여 해당 교육 방안을 제시해 보았다.

　한국어 교육의 최종적인 목적은 자유로운 의사소통이라고 할 수 있다. 의사소통에서 요구되는 어휘 능력은 단순히 개별 단어의 형태와 의미를 아는 것을 넘어 실제 언어생활에서 상황 맥락과 의도에 맞게 활용하는 능력을 요구한다. 즉 양적 어휘력보다 질적 어휘력의 신장이 요구되는 것이다. 질적 어휘력 신장에 있어서 유의 관계를 가진 어휘들이 어휘 확장과 어휘의 의미를 정확히 파악하는 데 특히 중요한 역할을 담당하고 있다. 하지만, 유의어를 파악하는 문제는 모국어 화자에게도 쉽지 않은 문제이며, 한국어 학습자들이 가장 어려움을 느끼는 부분이기도 하다.

　한편, 한·중 양국은 정치·경제·사회·문화 등 각 방면에서 정보를 전달하고 소통할 때마다 한국어 번역 인재의 수요가 절실함을 날로 심각하게 깨닫고 있는 실정이다. 이에 따라 한국어교육에서 질이 높은 한중번역 인재를 육성하는 것은 더욱더 중요한 일이 아닐 수 없다. 한국어 교육에서 유의어를 제대로 이해시킨다면 언어 구사 능력을 예술적, 문학적 표현의 영역까지 높일 수 있는 장점이 있다. 유의어 교육과 번역 인재 육성은 서로 긴밀한 관계를 가지고 있으며 한국어 교육에 중요한 역할을 담당한다. 하지만 여태까지 기존의 연구에서 재중 한국어 교재나 한국어 능력 시험 분석을 통해 유의어를 추출하여 그 연구 대상으로 삼은 것은 다소 있으나 그동안 유의어 연구에서 번역을 중심으로 다룬 연구는 거의 없다고 할 정도로 미개척 분야이다. 이에 본 연구는 중국대학교에서 가장 많이 사용한 번역 교재에서 나타난 유의어를 중심으로 연구를 수행하였고, 한중번역에서의 유의어 교육에 참고할 만한 교육 방안을 모색하였다. 이에 지금까지 논의하고 연구한 각 장의 결과를 정리하면 다음과 같다.

　1-2장에서는 본 연구의 목적과 그 연구의 대상들을 밝혔으며, 3장에서는 유의어와 관련된 선행 연구들을 검토하였는데, 크게 한국어교육에서의 유의어 연구 및 번역 연구 등 두 가지로 나누어 살펴보았다. 그 결과 지금까지 유의어 선행 연구들은 많은 성과를 얻은 바도 있지만, 미비된 부분도 많이 있음을 확인하였다. 본 연구주제와 관련된 유의어 및 한중번역에 대해 선행연구를 검토한 결과, 현재 유의어 연구가 한국어교육에서, 특히 중국인 학습자들에게의 중요성은 이미 널리 알려져 있는 사실이고, 품사별, 어종별, 대상별 유의어 연구도 많이 진행되고 있는 형편이다. 하지만, 앞에서 언급하였듯이, 기존 연구의 목표 유의어 선정은 주로 한국어교재나 topik시험에서 출제된 유의어를 중심으로 하였고, 번역교재에서 유의어를 추출하고 변별하는 연구는 아직 미흡한 편이다. 그와 동시에, 한중번역연구에 대한 선행연구를 살펴본 결과, 역시 번역에서 유의어를 다루는 연구는 아직까지 邹毓莹(2023) 뿐이고, 번역이 한국어 능력과의 긴밀한 관계를 고려할 때, 한중번역에서의 유의어 연구도 보다 활발하게 이루어져야 함을 깨달았다. 그동안 한국어 번역 교육은 한국어교육 분야에서 중요하게 다루어지지 않은 게 사실이다. 이러한 사실을 감안하여 필자는 지금까지 유의어 연구의 미진한 부분을 확인하고 이의 보완과 개척을 위해 본 연구를 수행하였으며 그 연구의 의미를 강화시켰다.

　4장은 본 연구의 본론 부분으로 한중번역에서 유의어군 목록을 정리하고 어종별로 분류·정리하였다. 이를 위하여 먼저 중국에서 한중번역으로 가장 많이 사용된 한중번역교재를 조사하여 선별하였다. 이 과정에서 중국내 4개 4년제 대학교 160명 학생들에게『中韩翻译教程』을 대상으로 유의어군을 수집하고 정리하는 과제를 제시하였다. 이러한 작업을 통해 실제 중국인 학습자들이 한중번역에서 나타난 유의어를 구별할 수 있는지, 유의어군에 대한 인지도가 어느 정도인지를 확인하였다. 조사결과에 따르면, 총84쌍 유의어군이 선정되었고, 그 중에서 '한자어-한자어'유의어군이 49쌍으로 가장 많았다. 그 외에 '고유어-한자어' 유의어가 22쌍으로 두 번째로 많았으며, '한자어-외래어' 유의어군은 10쌍으로 그 다음 순으로 나타났다. 그리고 '고유어-고유어' 및 '고유어-고유어' 유의어군은 각각 2쌍과 1쌍으로 비교적 적게 나타났다. 보다 객관적이고 정확한 유의어군 목록을 추출하기 위하여, 연구자는 해당 중국인 학습자들이 추출한 유의어군들을 대상으로 유의어군이 맞는지를『유의어·반의어 사전』,『(넓은 풀이)우리말 유의어 대사전』과 '네이버 사전' 등을 근거로 하여 해당 분류에 있는 유의어군들의 유의 관계를 2차적으로 확인을 하였다. 그 결과 최종 총 84쌍 유의어군들에서 38쌍이 유의어쌍이 아닌 것으로 판명되어 46쌍 유의어군들만을 본 연구의 연구 대상으로 선정하였다. 어종으로 볼 때, 한자어-한자어 유의어군이 22쌍으로 가장 많았고, 두 번째는 고유어-고유어의 유의어로 총 13쌍으로 나타났다. 그리고 한자어-외래어 유의어군은 10쌍으로 나타났으며, 고유어-외래어 유의어군은 1쌍만이 관찰되었다. 어종별 유의어군들 중에서 22쌍의 한자어-한자어 유의어군을 살펴보면, 품사별로 볼 때, 명사가 13쌍, 동사 8쌍으로 나타났고, 형용사 유의어쌍은 '유리하다-유익하다' 하나밖에 나타나지 않았다. 고유어-고유어 유의어쌍의 경우 동사, 명사, 부사 등이 있고, 동사가 6쌍으로 제일 많았고, 그 다음은 명사였다. 한자어-외래어 및 고유어-외래어 유의어쌍도 모두 명사였다.

5장에서는 본 연구의 주제인 유의어 개념을 확립하여, 기존 연구를 바탕으로 한중번역에서의 유의어 의미 변별의 틀을 정하고, 이에 따라 한중번역에서 어종별 유의어군들을 변별하였다. 유의어 개념에 대해 살펴본 결과, 서구, 한국과 중국 학계에서 유의어(synonym)의 개념과 분류에서 차이를 보였는데, 이런 정리를 통해 본 연구에서 Synonym을 유의어 용어로 사용했으며, 과학 용어나 전문 용어를 제외한 일반어에서 완전하게 똑같은 의미를 가진 단어는 존재하지 않는다는 견해를 따라, 유의 관계라는 단어들은 의미면에서 서로 비슷한 부분이 있지만, 각 단어의 뉘앙스와 의미 영역, 공기 관계에 차이가 있다고 그 한계를 정하였다. 이어 기존 유의어 연구에서 제시했던 유의어 변별 방법 등을 바탕으로 본 연구의 연구틀을 정하였다. 즉, 1단계에서는 국립국어원 표준국어대사전 및 '꼬꼬마 세종 말뭉치 검색 시스템'을 활용하여 어종 및 사용빈도 차이를 분석하였다. 2단계에서는 의미적 차이(사전적 의미 차이, 공통 및 변별 의미), 화용적 차이(공식적, 비공식적, 경어, 평어, 전문어, 일상어, 문어, 구어), 통사적 차이(결합 구성 차이) 등의 단계를 거쳐 분석하였다. 한자어가 있는 유의어군의 경우 한중 한자어가 서로 차이를 보이기 때문에, 3단계에서는 대응하는 원 언어 어휘와의 비교를 통해 그 차이를 밝혔다.

6장에서는 중국내 4년제 대학교 한국어학과 학생들을 대상으로 한중번역에서의 유의어 목록 선정 및 의미 변별을 분석하고, 학습자들이 스스로 한중번역에서 나타난 유의어군 변별 및 교사가 한중번역에서 유의어를 교육할 때 현장에서 직접 참고할 수 있는 자료를 제시하였다. 학습자의 능동적인 학습을 바탕으로 성과중심개념인 성과기반교육(OBE: Outcome Based Education) 이념을 도입하여 한중번역에서 유의어 교육 방안을 설계해 보았다. 먼저 OBE이념을 중심으로 한국어교육의 틀을 설정하였고, 이어서 OBE이념을 바탕으로 Blended Teaching를 활용한 유의어교육의 틀을 모색하였다. 그리고 그 틀에 따라 실제 교육현장에서 활용할 수 있는 유의어 교육 방안을 제시하고, 중국 학습자들을 대상으로 성적대비 및 만족도대비 등 두 가지 면에서 교육 방안의 효과를 검증했는데, 검증 결과에 따르면 성적대비에 있어서, 동일한 난이도의 시험지를 평가했을 때 실험반이 전체적으로 높은 점수를 나타냄을 살필 수 있었다. 대조반의 최고점은 92점인데 반해 실험반의 최고점은 98점으로 나타났으며, 평균점수로 볼 때, 실험반은 92.36로 대조반의 80.11보다 12.25나 차이가 났다. 이를 통해 OBE+혼합학습 모델을 적용한 학생들의 전반적인 학습 효과가 더 높음을 알 수 있었다. 만족도대비에 있어서, 89.23%의 학생이 OBE 혼합 교육에 더 많은 관심을 기울였고, 학습의 열정과 주도권 면에서도 독학 능력과 지식 활용 능력을 향상시켰음을 확인할 수 있었다. 82.96%의 학생은 수업 형태가 다양하고 기존보다 수업에 더 많은 관심을 보였다고 인정하였다. 81.85%의 학생은 수업 상호 작용에서 팀워크 능력이 크게 향상되었으며 의사소통 및 표현 능력과 평가 능력이 향상되었다고 인정했다. 그리고 91%의 학생은 자투리 시간을 더 잘 활용할 수 있다고 말했으며 OBE+혼합학습 모델은 학습에 대한 높은 기준을 설정하기 때문에 자신의 요구 사항을 충족하기 위해 더 열심히 공부해야 한다고 평가했다.

이상으로 중국 대학생들을 대상으로 한중번역에서의 유의어군들을 어종별 목록화하고, 틀을 정하여 유의어 의미 변별을 했고, 해당 교육 방안 및 교육 효과를 검증하였다. 본 연구는 기존 한국어 교재나 토픽을 중심으로 어휘를 선정하여 연구한 연구물들과는 다르게 번역 교재를 중심으로 연구를 하였다는 점에서 번역이나 유의어 교육에 도움이 될 것이라고 본다. 특히, 학습자들에게 조사 과제를 통해 한중번역에서 유의어군 목록을 선정하도록 한 것은 학습자가 능동적으로 학습 동기를 유발하는 데 긍정적으로 작용했을 거라고 여겨진다. OBE+ 혼합학습 모델에 관한 교육 방안을 유의어 교육에 도입한 것이 한국어교육에서의 새로운 시도될 것인 바 차후 이러한 방법이 한국어교육 분야에 널리 적용되어 더 많은 연구가 수행 되기를 바라며, 이를 본 연구의 과제로 남긴다.

참고문헌

학술지 논문

강현화.「코퍼스를 이용한 부사의 어휘 교육 방안 연구」,『이중언어학』, 제17권 1호, 이중언어학회, 2000.

강현화.「빈도를 나타내는 시간 부사의 어휘 교육 방안 연구」,『한국어교육』, 제12권 1호, 국제한국어교육학회, 2001.

강현화.「중·고급 학습자를 위한 감정 기초형용사의 유의관계 변별기제연구: 기쁨, 슬픔을 나타내는 형용사의 통합관계를 중심으로」,『한국어의미학』, 제17호, 한국어의미학회, 2005.

강현주.「시간부사 유의어의 의미 변별에 대한 고찰: '드디어, 마침내, 끝내, 결국'을 중심으로」,『한국어학』, Vol.87, 한국어학회, 2020.

김남정, 권연진.「외국인을 위한 고유어와 한자어의 유의어 교육 방안 연구 - 상황 맥락을 바탕으로」,『언어과학』, Vol.28, No2, 한국언어과학회, 2021.

김광해.「유의어의 의미 비교를 통한 뜻풀이 정교화 방안에 대한 연구,『선청어문』, 제26권 1호, 서울대학교 국어교육연구소, 1998.

김선혜.「유의어 변별 사전의 미시구조에 대하여」,『언어사실과 관점』, Vol.144, 연세대학교 언어정보연구원, 2018.

김성화.「형용사 유의어 연구(2): 밝다/환하다」,『어문학교육』, 제22집, 한국어문교육학회, 2000.

김성화.「형용사 유의어 연구(5): 기쁘다/즐겁다」,『어문학교육』, 제26집, 한국어문교육학회, 2003.

김유정.「언어사용역을 활용한 '죽다' 류 유의어 의미 연구」,『인문연구』, 제62호, 영남대 인문과학연구소, 2011.

김은영.「감정 동사 유의어의 의미 연구 '즐겁다 무섭다'의 유의어를 중심으로」,『한국어의학』, 제14호, 한국어의미학회, 2004.

김일환,이승연.「형용사 유의어의 공기어 네트워크와 활용 - '안타깝다'류의 형용사를 중심으로」,『언어정보』, vol.0 No1.4, 고려대학교 언어정보연구소 2012.

김정남.「국어 형용사의 의미 구조, 한국어의미학」,『한국어의학』, 제8집 1호, 한국어의미학회, 2001.

마릉연. 「외국인을 위한 동사 유의어 교육 내용 연구: 중국인 학습자를 대상으로」, 『우리말교육현장연구』, Vol.12 No.1, 우리말교육현장학회, 2018.

문금현. 「한국어 유의어의 의미 변별과 교육 방안」, 『한국어교육』, 제15권 3호, 국제한국어교육학회, 2004.

박종호·황경수. 「한국어 동사 유의어 교육 방안에 관한 소고」, 『새국어교육』, 제92집 1호, 한국국어교육학회, 2012.

박아름. 「모바일 한국어 유의어 변별 사전 개발을 위한 기초 연구」, 『학습자중심교과교육연구』, 제20권 제17호, 2020.

박옥란. 「중국인 초급 학습자를 위한 시간부사 우의어 교육 방안-'벌써'와 '이미'를 중심으로」, 『국제한국어교육』, Vol.2016 N0.06, 국제한국어언어문화학회.

朴银淑. 「중국내 대학교 한국어과 번역 관련 교과목 및 교재에 대한 연구」, 『한중인문학연구』, Vol.58 No, 한중인문학회, 2018.

반갑순. 「초등학교 유의어 지도 방법 연구」, 『어문학교육』, 제24집, 한국어문교육학회, 2002.

봉미경. 「시간 부사의 어휘 변별 정보 연구」, 『외국어로서의한국어교육』, 제30집, 연세대학교 언어연구교육원 한국어학당, 2005.

봉미경. 「학습용 유의어 사전 기술을 위한 기초 연구」, 『한국사전학』, 제18호, 한국사전학회, 2011.

백명주. 「신우봉, 중국인 한국어 학습자의 감정형용사 사용 양상 연구 -'섭섭하다'의 유의어를 중심으로」, 『우리어문연구』, Vol.72 No., 우리어문학회, 2022.

손달임. 「한국어 학습자를 위한 감정 형용사의 교육 연구 - '즐겁다' 유의어의 의미와 사용 맥락 비교를 중심으로」. 『이화어문논집』, Vol.49 No.-, 이화어문학회, 2019.

손연정. 「한국어 유의어 목록 마련을 위한 기초 연구: 한국어 인지행위 동사를 중심으로」, 『한국어학』, Vol.84 No, 한국어학회, 2019.

성미향. 「심리형용사 유의어의 한국어 교육 방안 연구-'심심하다', '따분하다', '무료하다', '지루하다'를 중심으로」, 『언어와 문화』, Vol.17 No.2, 한국언어문화교육학회, 2021.

신명선, 이미현. 「중국인 한국어 학습자를 위한 '부끄럽다' 유의어의 한중 의미 비교 연구- '부끄럽다, 창피하다, 수치스럽다, 수줍다, 쑥스럽다'를 중심으로」, 『국어교육』, Vol.- No.177, 한국어교육학회, 2022.

신인환. 「말뭉치를 기반으로 한 '기쁘다'와 '즐겁다'의 사용 패턴 비교 연구」, 『언어와 문화』, Vol.9 No.3, 한국언어문화교육학회, 2013.

심지영. 「중국인 학습자를 위한 한국어 유의어 사전의 한자어 기술 방식 제언 - 기존 사전에 대한 분석을 바탕으로」, 『새국어교육』, Vol.- No.134, 한국국어교육학회, 2023.

안주호. 「한국어 유의어 {지키다/챙기다/유지하다}의 의미와 교수방안. 우리말교육현장연구」, 『우리말교육현장학』, 제16권 제1호, 우리말교육현장학회, 2022.

양명희. 「국어사전의 유의어에 대하여」, 『한국어의미학』, 제22호, 한국어의미학회, 2007.

유지연. 「국어교육 : 외국인 한국어 학습자를 위한 형용사 '아름답다', '예쁘다', '곱다' 의미 교육 방안」, 『새국어교육』, 제84권, 한국국어교육학회, 2010.

유현경·강현화. 「유사관계 어휘정보를 활용한 어휘 교육」, 『외국어로서의한국어교육』, 제27집, 연세대학교 언어연구교육원 한국어학당, 2002.

윤주리, 송정근. 「한국어 시점 시간 부사 유의어의 변별 교육」, 『어문연구』, Vol.116 No.-, 어문연구학회, 2023.

이미지. 「말뭉치 분석을 활용한 감정표현 어휘 교육 연구: '아쉽다', '섭섭하다', '아깝다'를 중심으로」, 『동남어문논집』, Vol.1 No.38, 동남어문학회, 2014.

이원이, 이미혜. 「한국어교육을 위한 감정형용사 유의어 변별 연구 -'만족스럽다'류의 의미적·통사적·화용적 변별을 중심으로」, 『언어사실과 관점』, Vol.58 No-, 연세대학교 언어정보연구원, 2023.

이민우. 「유의어 동사 '놓다'와 '두다'의 사용 양상 비교 분석」, 『어문논집』, 제51집, 중앙어문학회, 2012.

이소현. 「외국인 학습자를 위한 형용사 '부끄럽다'의 유의어 의미 변별의 기초 연구 및 지도방안 - '부끄럽다, 창피하다, 쑥스럽다, 수줍다, 수치스럽다'를 중심으로」, 『언어와문화』, 제3권 제1호, 한국언어문화교육학회, 2007.

이연정, 이주미. 「한국어 유의어 사용실태 분석에 따른 교육 방안 연구 - '이용하다'와 '사용하다'를 중심으로」. 『語文論集』, Vol.81 No.-, 중앙어문학회,

2020.

이주미, 이연정.「중국인 한국어 학습자의 숙달도에 따른 유의어 사용 양상 분석 연구: 한국어와 중국어의 언어 대조를 중심으로」,『학습자중심교과교육연구』, Vol.21 No.6, 학습자중심교과교육학회, 2021.

임지아.「한국어 교재에 나타난 교육용 어휘 분석 - 유의어를 중심으로」,『국어 국문학』, 제24집, 국어국문학회, 2005.

전패영.「중국 대학 내 한국어 번역 교육과정 개발을 위한기초 연구 - 번역 교재 분석을 중심으로」,『한중인문학연구』, Vol.79 No., 한중인문학회, 2023.

정성미.「'가깝다'와 유의어인 '한자어+하다' 류의 논항 구조」,『어문논집』, 제36 집 1호, 중앙어문학회, 2007.

정화란.「'기쁘다' 유사 어휘군의 의미론적 연구」,『언어와문화』, 제2집 3호, 한 국언어문화교육학회, 2006.

조민정.「유의어 변별을 위한 검증법과 기술 방법에 대한 연구」,『제17회 한국사 전학회학술대회 발표논문집』, 한국사전학회, 2010.

조현용.「한국어 발음 및 어휘교육 ; 한국어 유의어 교육 연구」,『새천년 맞이 제 10차 국제학술회의 제1집 1호』, 국제한국어교육학회, 1999.

채은경, 강이경.「한국어 학습자를 위한 유의어 교육 연구 - '아깝다, '아쉽다', '안타깝다'를 중심으로」,『한말연구』, Vol.63 No.26, 한말연구학회, 2022.

최재용.「한중/중한 번역 교육에서 유행어의 처리 문제」,『중국어문학논집』, Vol.0 No.107, 중국어문학연구회, 2017.

추육영.「한국어교육에서 유의어 연구의 현황 및 과제」,『겨레어문학』, Vol., No.54, 겨레어문학회, 2015.

추육영.「플립드 러닝을 적용한 비즈니스 한국어 수업 모형 모색 - 상대 높임 법을 기반한 이메일 작성을 중심으로」,『중국한국(조선)어교육연구학회』, Vol.15 No.-, 중국한국(조선)어교육연구학회, 2020.

추육영.「한-중 번역수업 교육현황 및 개선 방안 연구 - 중국 산동성 소재 대학교 를 중심으로」,『한중인문학연구』, Vol.72 No.-, 한중인문학회, 2021.

추육영.「모옌 장편소설의 한역본(韓譯本) 오역 연구 -『生死疲勞』,『蛙』,『十三 步』를 중심으로」,『중국어문학지』, Vol.- No.81, 중국어문학회, 2022.

한유석.「한국어 유의어사전 구축에 관한 연구」,『언어학』, 제22집1호, 대한언어 학회, 2014.

호 가.「전문번역가와 번역전공 학습자의 번역능력에 대한 비교연구: 문학번역의 어휘 차원의 번역오류를 중심으로」,『통역과 번역』, 제25권 3호, 통역과 번역학회, 2023.

刘冠群, "关于同义词的两个问题",『语文学习』, 1957.

刘巧云, "韩汉时间副词 '금방'与 '马上' 语义句法功能辨析",『语文学刊-外语教育学』, 2010, 03.

刘叔新, "同义词词典怎样处理词性",『辞书研究』, 1983.

刘威.浅论中韩翻译过程中同类同义单词的择选原则",『云梦学刊』, 2013.

李立冬, "同义词、近义词的意义类型分析及其在词义辨析中的应用",『时代文学』(双月上半月), 2010.

李银淑, "韩国语时间副词 '지금'와 '이제' 对比研究",『科教文汇』, 2012, 09.

林丽, "韩国语近义词分类法及教学方法初探",『当代韩国』, 2012.

邹毓莹.「OBE를 활용한 한중 번역에서의 유의어 교육 연구-한자어 유의어군을 중심으로」,『한중인문학회 국제학술대회』, Vol.2023 No.05, 한중인문학회, 2023.

학위논문

가재은, "한국어 어휘 학습 지도 방안 연구-초급 중국인 학습자를 대상으로 한 유의어 지도를 중심으로", 공주대학교 석사학위논문, 2009.

강미함, "중국인 한국어 학습자를 위한 유의어 교육 방안 연구–고유어와 한자어 간의 유의어를 중심으로", 인하대학교 석사학위논문, 2011.

강수지, "한국어 교육에서의 유의어 교육 방안 연구", 조선대학교 석사학위논문, 2010.

고은정, "한국어 교육용 형용사 유의어 선정연구", 경희대학교 교육대학원 석사학위논문, 2011.

고이금, "한국어 정도부사의 의미 분석", 제주대학교 석사학위논문, 1985.

김지선, "시적 맥락을 통해 유의어 교육방안 연구", 한국외국어대학교 석사학위논문, 2011.

구묘향, "'생각하다' 동사 '思'의 유의어 연구", 동아대학교 석사학위논문, 2007.

권혜진, "현대 국어 시간 부사의 유의 관계연구: 고유어와 한자어의 대응을 중심으로", 고려대학교 석사학위논문, 2008.

만 리, "한국어 교재의 시간부사 분석- 유의어 시간부사를 중심으로", 상명대학
　　교 석사학위논문, 2010.

맹지은, "한국어 고급 학습자를 위한 유의어 사전 개발 방안 연구", 한양대학교
　　교육대학원 석사학위논문, 2011.

박새미, "의미변별을 활용한 한국어 유의어 교육방안 연구-고급 학습자를 중심
　　으로", 한양대학교 교육대학원 석사학위논문, 2012.

박아름, "한국어 교육을 위한 유의어의 의미 연구: 명사를 중심으로", 고려대학
　　교 석사학위논문, 2009.

박재남, "외국어로서의 한국어의 유의어 교육 방안 연구", 연세대학교 교육대학
　　원 석사학위논문, 2002.

방가미, "한·중 유의어 대조 연구-<한국어 능력 시험> 중급 어휘를 중심으로",
　　경희대학교 석사학위논문, 2012.

봉미경, "한국어 형용사 유의관계 연구", 연세대학교 석사학위논문, 2002.

송림보, "중국인 한국어 학습자를 위한 유의어 변별 연구: 고유어와 한자어를 중
　　심으로". 한양대학교 석사학위논문, 2021.

사미란, "교육 연극을 활용한 한국어 감정형용사 유의어 교육방안 연구-중국인
　　학습자를 대상으로", 중앙대학교 석사학위논문, 2013.

안리주, "한국어 유의어 분석과 활용방안-(깨다:부수다), (가르다:나누다), (찢다:
　　째다)를 중심으로", 상명대학교 석사학위논문, 2012.

양선희, "한국어 정도부사의 유의어 교육 방안 연구", 부산대학교 석사학위논
　　문, 2013.

양순영, "유의어 교육을 위한 의미 분석 연구: 중급 한국어 교재의 동사 중심으
　　로", 건국대학교 석사학위논문, 2010.

양진경, "한국어 학습자를 위한 고유어와 한자어 유의어 교육 방안 연구", 영남
　　대학교 석사학위, 2019.

여위령, "초급 중국인 학습자를 위한 한국어 시간부사 유의어 교육 방안 연구",
　　부산대학교 석사학위논문, 2012.

오인근, "유의 부사의 통어적 특성-정도 부사와 시간 부사를 중심으로", 인제대
　　학교 교육대학원 석사학위논문, 2003.

왕리후에이, "한국어 학습자를 위한 부사 유의어 교육 방안 연구: 정도부사 중심

으로", 청주대학교 석사학위논문, 2012.

왕애려, "중국인 고급 학습자를 위한 한국어 유의어 교육 방안에 대한 연구", 경희대학교 석사학위논문, 2012.

왕환환, "말뭉치를 활용한 한국어 유의어 교육 방안 연구: 한자어 간의 유의어를 중심으로", 중앙대학교 석사학위논문, 2021.

웅문도, '벌써'와 '이미'의 교육내용 구축과 사용 양상 연구: 중국인 학습자를 중심으로, 경희대학교 석사학위논문, 2011.

유추문, "한국어 학습자를 위한 유의어 교육 연구: 고유어와 한자어 간의 유의어를 중심으로", 숙명여자대학교 석사학위논문, 2011.

윤소영, "한국어 형용사 유의어 교육 연구- 연어 구성을 중심으로", 동국대학교 석사학위논문, 2011.

이수남, "중국인을 위한 부사 '다만, 단지, 단, 오직'의 교육 방안 연구", 동국대학교 석사학위논문, 2012.

이연경, "시트콤을 활용한 한국어 유의어 교육 방안 연구", 한국외국어대학교 교육대학원 석사학위논문, 2009.

이영주, "유의어 지도방법 연구 중학교 교과서를 중심으로", 한남대학교 교육대학원 석사학위논문, 2006.

이정목, "NSM을 이용한 한국어 '기쁘다'류 심리형용사의 의미 분석과 기술", 한국외국어대학교 석사학위논문, 2008.

이지혜, "심리 형용사 유의어의 의미 변별과 사전 기술 연구: 연어 분석을 중심으로", 연세대학교 석사학위논문, 2006.

이혜영, "한국어 교재의 유의어 분석-시간부사를 중심으로", 충북대학교 석사학위논문, 2012.

이효정, "한국어 정도부사의 분석과 응용", 상명대학교 석사학위논문, 1999.

이희재, "표현의 다양성 향상 제고를 위한 한국어 유의어 교육 방안", 고려대학교 석사학위논문, 2013.

정영교, "한국어 교육을 위한 양태부사 유의어 의미분석과 제시방안 연구", 세종대학교 석사학위논문, 2012.

정혜연, "유의 부사의 의미 차이 연구", 아주대학교 석사학위논문, 2010.

조미영, "장면-상황 중심의 감정형용사 유의어 교육 방안 연구", 계명대학교 석사학위논문, 2010.

조진희, "한국어 학습자를 위한 유의 시간부사 교수모형", 상명대학교 교육대학원 석사학위논문, 2005.

주 하, "한국어 유의어 교육 방안에 관한 연구: 중국인 한국어 고급 학습자를 중심으로", 중앙대학교 석사학위논문, 2010.

진 화, "중국인을 위한 한국어 시간부사 '벌써'와 '이미'의 교육 방안", 동국대학교 석사학위논문, 2010.

최경아, "한국어 유의어 교육 방안 연구: 시간 부사를 중심으로", 고려대학교 석사학위논문, 2007.

최옥춘, "한·중 시간부사 유의어 대조 연구", 경희대학교 석사학위논문, 2013.

최화정, "한국어 부사 유의어 교육 방안 연구: 시간부사와 정도부사를 중심으로", 전남대학교석사학위논문, 2010.

추육영, "한국어 유의 관계어 오류 분석과교육 방안-중국 산동지역 한국어과 대학생을 중심으로", 건국대학교박사학위논문, 2014.

황성은, "한국어 교육용 기본어휘에 대한 학술어 유의어 연구", 배재대학교 석사학위논문, 2011

Cheng Hao. "중국인 한국어 학습자의 한자어 간 유의어 오류 연구", 세종대학교 석사학위논문, 2020.

하설, "중국인 학습자를 위한 한국어 유의어 교육 연구 - 고유어와 한자어의 사용 원리를 중심으로", 서울대학교 석사학위논문, 2015.

외국논문

싱글턴, D. (2008). 언어의 중심 어휘 . (배주채 역). 삼경문화사. (Original work published: Singleton, D. (2000). Language and the lexicon: an introduction. London: Arnold).

Skehan P. A cognitive approach to language learning[M]. Oxford University Press, 1998. 89.

Hulstijn J H. When do foreign-language readers look up the meaning of unfamiliar words? The influence of task and learner variables[J]. The modern language journal, 1993, 77(2): 139-147.

Knight S. Dictionary use while reading: The effects on comprehension and vocabulary acquisition for students of different verbal abilities[J]. The modern language journal, 1994, 78(3): 285-299.

Prince P. Second language vocabulary learning: The role of context versus translations as a function of proficiency[J]. The modern language journal, 1996, 80(4): 478-493.

Chun, D. M.& Plass, J. L. Effects of multimedia annotations on vocabulary acquisition. The Modern Language Journal, 80 (2), 1996: 183-198.

Laufer B, Shmueli K. Memorizing new words: Does teaching have anything to do with it?[J]. RELC journal, 1997, 28(1): 89-108.

Nation I S P, Nation I S P. Learning vocabulary in another language[M]. Cambridge: Cambridge university press, 2001.

Folse K S. The underestimated importance of vocabulary in the foreign language classroom[J]. CLEAR news, 2004, 8(2): 1-6.

저서

국립국어연구원,『표준 국어 대사전』, 두산동아, 1999.

김광해,『등급별 국어교육용 어휘』, 박이정, 2003.

김광해,『비슷한 말 반대말 사전』, 낱말, 2000.

김광해,『유의어·반의어 사전』, 한샘, 1987.

김광해,『유의어 반의어 사전』, 한샘, 1993.

김광해,『국어 어휘론 개설』, 집문당, 1993.

김명광,『외국어로서의 한국어 교육과정 개론』, 대구대학교출판부, 2012.

김병운,『중국대학교 한국어교육 실테 조사 보고서』, 한국문화사, 2012.

김영란,『한국어 교육 교재와 연구』, 소통, 2011.

김준기,『한국어 타동사 유의어 연구』, 한국문화사, 2000.

남기심·고영근,『표준 국어문법론』, 탑출판사, 1985.

남성우 외,『언어 교수이론과 한국어교육』, 한국문화사, 2006.

박경자 외 옮김,『제2언어 습득』, 박이정, 2001.

박경자, 장복명,『언어교수학』, 박영시, 2011.

박덕재, 박성현 옮김,『외국어습득 이론과 한국어 교수』, 박이정, 2011.

박영순,『한국어 의미론』, 고려대학교 출판부, 1994.

서상규 외,『외국인을 위한 한국어 학습사전』, 문학 관광부·한국어세계화재단,
　　　신원프라임, 2004.

서울대학교 국어교육연구소,낱말 어휘정보처리연구소,『(넓은풀이)우리말 유의
　　　어 대사전: 廣解 類義語 大辭』, 2009.

소우신·박용진,『현대 유의어 용법사전』, 学古房, 2004.

이광호,『국어 어휘 의미론』, 서울月印, 2004.

이광호,『국어 어휘 의미론』, 월인, 2004.

이광호,『유의어 통시론』, 이회문화사, 1995.

이근희,(이근희의)번역산책: 번역투에서 번역의 전략까지. 서울:한국문화사,2005.

이익섭,『국어학개설』, 학연사, 1993.

이익환,『의미론 개론』, 한신문화사, 1995.

이정희,『한국어 의미론』, 박이정, 2003.

임병빈 외 옮김,『제2언어 습득론』, 새진무역, 2008.

임지룡,『국어 의미론』, 서울 탑출판사, 2000.

임홍빈,『서울대 임홍빈 교수의 한국어사전』, 랭기지 플러스, 2004.

조남호,『현대 국어 사용 빈도 조사』, 국립국어원, 2002.

조현용,『한국어 어휘교육 연구』, 박이정, 2000.

조오현 외,『한국어 연구의 새로운 모색』, 박이정, 2014.

추육영,『중국인을 위한 한국어 유의어 연구』, 박이정, 2014.

한국문학번역원, 박혜주, 여건종, 이사원, 최미경. (2007). 문학번역 평가 시스템
　　　연구. 서울: 한국문학번역원.

한채영 외,『한국어교수법』, 태학사, 2005.

한채영 외,『한국어 어휘교육』, 태학사, 2010.

허 응,『언어학 개론』, 샘문회사, 1970.

허용 등,『외국어로서의 한국어교육학 개론』, 박이정, 2012.

陈刚编,『北京方言词典(第一版)』, 北京:商务印书馆, 1985.

高名凯,『普通语言学(下册)』, 东方书店, 1959.

高庆赐,『同义词和反义词』, 上海:上海教育出版社, 1985.

葛本仪,『现代汉语词汇学』, 济南:山东人民出版社, 2004年10月第2版.

胡明杨,『语言与语言学』,湖北教育出版社, 1985.

胡裕树,『现代汉语』, 上海:上海教育出版社, 1987.

加木,『什么是同义词和近义词』, 语文学习, 1960.

刘叔新,『汉语描写词汇学』, 北京:商务印书馆, 1990.

刘叔新『现代汉語同義語辭典』, 天津人民出版社, 1987.

劉乃叔·敖桂華,『近義詞使用區別』,北京:北京語言文化大學出版社,2005.

呂叔湘,『現代漢語八百詞』, 北京:商務印書館, 1999.

馬燕華·庄瑩,『漢語近義詞詞典』, 北京:北京大學出版社, 2003.

牟淑媛,『漢英對照漢語近義詞學習手冊』, 北京:北京大學出版社, 2004.

商務印書館辭書研究中心編,『新華同義詞詞典』, 北京:商務印書館, 2005.

王勤 ·武占坤,『现代汉语词汇』, 湖南人民出版社, 1959.

夏葳編著,夏劍欽審訂,『同義詞詞典』, 漢語大詞典出版社, 2001.11.

楊寄洲·賈永芬,『1700對近義詞語用法對比』,北京語言文化大學出版社,2010.

张静,『词汇教学讲话』, 湖北人民出版社, 1957.

张永言,『词汇学简论』, 华中工学院出版社, 1982.

Brown, H.Douglas, 이흥수 외 역(2009), 외국어 학습·교수의 원리], 피어슨에
　　듀케이션코리아, 1980.

Firth,J.R,『PapersinLinguistics』, London:OxfordUniversityPress, 1957.

Lyons,J,Language,『Meaning,andContext,FontanaPaperbacks』, 현대 언어
　　학연구회 역,『언어ㅡ 의미와 상황맥락』, 한신문화사, 1981.

Nida,E.A,『ComponentialAnalysisofMeaning』, 조항범 역,『의미 분석론』,
　　탑출판사, 1990.

Palmer,F.R,『Semantics,CambridgeUniversityPress』, 현대언어학연구회
　　역,『의미론』, 한신문화사, 1981.

PartingtonA,『Pattern sand Meaning』, John Benjamins Publishing
　　company, 1998.

SinclairJ,『Corpus,concordance,collocation』,Oxford University Press,
　　1991.

Ullmann,S,『Semantics:AnIntroductiontotheScienceofMeaning』, 남성우
　　역,「의미론:의미과학 입문」,탑출판사, 1962.

| 저자 소개 |

추육영(邹毓莹)

추육영(1985. 01-), 중국 산동 연태 용구(山东烟台龙口) 출생. 중국 산동대학교(山东大学) 한국어과 졸업, 한국 건국대학교 문학박사 취득, 한국 서울대학교 방문학자. 현(現) 중국청도농업대학교(中国青岛农业大学) 외국어대학에 조교수로 재직.
저서로는『중국인을 위한 한국어 유의어 연구』,『한국어 연구의 새로운 모색』등이 있으며, 최근 연구로는「한국어교육에서 유의어 연구의 현황 및 과제」,「플립드 러닝을 적용한 비즈니스 한국어 수업 모형 모색」,「한-중 번역수업 교육현황 및 개선 방안 연구」,「모옌 장편 소설의 한역본(韓譯本) 오역 연구-『生死疲勞』,『蛙』,『十三步』를 중심으로」등이 있다.

한중번역에서의 유의어 연구

초판 인쇄 2024년 3월 22일
초판 발행 2024년 3월 30일

저   자 | 추 육 영
펴 낸 이 | 하 운 근
펴 낸 곳 | 學古房

주   소 | 경기도 고양시 덕양구 통일로 140 삼송테크노밸리 A동 B224
전   화 | (02)353-9908 편집부(02)356-9903
팩   스 | (02)6959-8234
홈페이지 | www.hakgobang.co.kr
전자우편 | www.hakgobang@naver.com, hakgobang@chol.com
등록번호 | 제311-1994-000001호

ISBN 979-11-6995-486-0 93700

값 17,000원